名人传记

贝多芬传

有"乐圣"之称的德国天才音乐家

赵小龙◎编著

 成都地图出版社

图书在版编目（CIP）数据

贝多芬传 / 赵小龙编著. -- 成都 : 成都地图出版社, 2018.4 （2023.3重印）
ISBN 978-7-5557-0882-7

Ⅰ. ①贝… Ⅱ. ①赵… Ⅲ. ①贝多芬(Beethoven, ludwing Van 1770-1827) – 传记 – 青少年读物 Ⅳ. ①K835.165.76–49

中国版本图书馆CIP数据核字(2018)第051900号

贝多芬传

BEIDUOFEN ZHUAN

责任编辑： 魏小奎
封面设计： 吕宜昌

出版发行： 成都地图出版社
地　　址： 成都市龙泉驿区建设路2号
邮政编码： 610100

印　　刷： 三河市同力彩印有限公司
（如发现印装质量问题，影响阅读，请与印刷厂商联系调换）

开　　本： 710mm × 1000mm　　1/16
印　　张： 8　　　　　　　　**字　　数：** 120千字
版　　次： 2018年4月第1版
印　　次： 2023年3月第5次印刷
书　　号： ISBN 978-7-5557-0882-7

定　　价： 35.00元

I 导读 >>>>>>
Introduction

Beethoven
贝多芬

路德维希·凡·贝多芬（Ludwig van Beethoven，1770—1827年），一位耳疾缠身，在失聪情况下度过下半生的人，为人类留下了一曲曲震撼人心的生命颂歌。他的《命运交响曲》激励过多少在困境中沉沦的人，他的《欢乐颂》作为人类团结的颂歌，如今已成为欧盟的盟歌。这是一个音乐史上最富悲剧色彩的灵魂，命运之神对他如此严酷。他却以令人无法想象的勇气，战胜残疾，走过了历史的狂风暴雨，走过了一生的坎坷行程，以伟岸的英雄意志，强烈而博大的感情，创新性的音乐语言，成为浪漫主义音乐之父。

贝多芬的音乐集维也纳古典音乐的大成，使他成为最后一位与海顿、莫扎特一起被后人称为"维也纳三杰"的音乐大师。同时，他又是一位颇具创造性的作曲家，他开辟了浪漫主义时期音乐的道路，创作了大量充满时代气息的优秀作品，如交响曲《英雄》《命运》；序曲《哀格蒙特》；钢琴曲《悲怆》《月光曲》《暴风雨》《热情》等，这些作品对世界音乐的发展有着举足轻重的作用。在音乐表现上，贝多芬几乎涉及当时所有的音乐体裁，大大提高了钢琴的表现力，使之获得交响性的演奏效果，又使交响曲成为直接反映社会变革的重要音乐形式。

1826年12月贝多芬患重感冒，导致肺水肿。在病情日渐严重的日子里，他那即将远离尘世的心灵，反而愈加宁静。他仿佛是在纯净的高空中，俯视自己即将抛开的世界，脑中回响着最后的弦乐四重奏曲。这是他留给世人的遗嘱，是为了对万世证明精神可以克服痛苦，甚至可以克服死亡。1827年3月26日，贝多芬在一场大雨中，伴着震耳欲聋的春雷，离开了世界。他那握紧的右拳，仿佛仍然在告诉人们，命运不是人生的主宰，只要你敢于扼住它的咽喉。贝多芬的葬礼非常隆重，有两万多人自动跟随灵柩出殡，遗体葬于圣麦斯公墓。

伟大的音乐家、指挥家、作曲家、艺术家和思想家贝多芬只在人世间停留了57年，却为我们留下了一百多部不朽的音乐巨作。其中包括9首编号交响曲、35首钢琴奏鸣曲（其中后32首带有编号）、10部小提琴奏鸣曲、16首弦乐四重奏、1部歌剧、2部弥撒、1部清唱剧与3部康塔塔，另外还有大量室内乐、艺术歌曲与舞曲。这些作品对音乐的发展都有深远的影响，贝多芬也因此被后世尊称为"乐圣"。

贝多芬出生于穷困的家庭，在贫困中度过了一生，他以常人不可思议的力量，在悠悠漫长的音乐史中，为人类贡献了一份不可估量的精神财富。贝多芬是顶天立地的，他无愧于罗曼·罗兰的评价："一位正直与真诚的大师，教我们如何生、如何死的大师。"

目 录 >>>>
Contents

Beethoven

天才的降临

智慧、勤劳和天才，高于显贵和富有。

——［德］贝多芬

▶ 音乐世家

1770 年对于德国小城波恩来说，可是不平凡的一年，伟大的音乐家贝多芬在此诞生了。

关于贝多芬的家族史，我们可以追溯到 15 世纪。"凡·贝多芬"氏的祖先们曾居住在今天的比利时一带，从事农耕，后来的几代人又相继在荷兰、卢森堡等地落户。随着时间的流逝，他们逐渐改变了自己的社会地位，既有商人，也有艺术家。其中在比利时的安特卫普附近落户的一支就是贝多芬的曾祖父米切尔·凡·贝多芬。他是一个面包师兼手工艺编织商，后来破产，迁往外地谋生。

米切尔的一个儿子路德维希，也就是贝多芬的祖父（和祖父的名字一样，贝多芬也叫路德维希）是当时家族中的佼佼者。魏格勒曾在日记中写到老路德维希时说："他是一位身材不高、体格健壮、两眼充满生气的男人，是一位十分值得

贝多芬故居

尊敬的艺术家。"他生于比利时的安特卫普，少年时的他血气方刚，难以忍受母亲的管束。由于年轻又有才华，不久便在选帝侯的宫廷乐队中担任乐师，1761 年成为该乐队中的男低音歌唱师和乐队长。经过几年打拼，老路德维希在波恩渐渐站稳了脚跟。后来，经人撮合与当地姑娘玛利亚结婚，并生下一子——约翰·

凡·贝多芬。

在当时，供职于宫廷的音乐家们收入微薄，为使生活不至于太过拮据，他们不得不在工作之余再找些活干。老路德维希也不例外，他除了做乐团指挥外，还开了一家小酒店，平时让妻子照顾，一家人的生活还算过得去。儿子约翰长大后，也有一定的音乐才华，声音洪亮，在宫廷乐团里担任高音歌手。约翰身材健硕，英俊潇洒，被宫廷女仆玛格拉雷娜看上了，两个人很快就结婚成家了。玛格拉雷娜朴实善良、温柔体贴，是一位难得的贤妻良母。

1770 年 12 月 16 日，玛格拉雷娜顺利地生下一个男孩，便是贝多芬。这无疑让当时在音乐上颇有名望的老路德维希激动万分。小贝多芬的相貌和哭声都像极了这位祖父，因此，全家人给他取了一个同祖父一样的名字——路德维希·凡·贝多芬。小贝多芬长到一岁多的时候，小身板已经非常结实，圆圆的脸黑红黑红的，眼睛不大却非常有神，高兴时眯成一条

贝多芬的父亲

缝，发怒时瞪得圆圆的，鼻子短而方，下嘴唇微微前突，好像一头小雄狮。

儿媳高兴地对老路德维希说："爸爸，孩子长得非常像您，发怒时的神情都和您一样。"老路德维希听罢，哈哈大笑，说道："我的孙子，怎能不像我！不只是长得像我，将来唱歌、指挥、作曲也像我。不，要超过爷爷！"

也许是遗传因素的作用，长大后的贝多芬继承了祖父许多的性格特点：坚强的意志，桀骜不驯的性格，还有正直、热情、疾恶如仇的品德。因为贝多芬的出身比较复杂，血管中流淌的不纯粹是日耳曼人的血液，因此，对于他的性格，乃至后来他创作的音乐中许多方面所表现出的不完全是日耳曼人的特征，也就不难理解了。

　　时间过得很快，小贝多芬已经学会说话了。

　　这一天，老路德维希闲来无事，便逗弄自己的小孙子玩。他把贝多芬放在地上，拉着他的小手问道："爷爷教你几首歌好不好？"贝多芬眨巴了一下眼睛，点点头。

　　老路德维希喜出望外，于是便开始教孙子学唱德国的儿童歌曲。只教了一遍，贝多芬就学会了，奶声奶气地唱起来，不但歌词正确，曲调也完全正确。老路德维希大吃一惊，想不到孙子的记忆力如此之佳、音乐感觉如此之好。他决定再试试这个小家伙，于是又教了贝多芬一首比利时儿歌。如同上首一样，小贝多芬只听一遍就学会了。此时的小贝多芬似乎没有看出爷爷脸上惊讶的表情，仍然不满足，缠着爷爷要继续学歌。

　　老路德维希意识到孙子有罕见的音乐天赋，心里一动，就说："爷爷教你弹奏钢琴，好不好？"贝多芬拍着小手，高兴地说："太好了！爷爷教我弹琴吧！"

　　正在这时，贝多芬的父亲约翰醉醺醺地从外边回来了。爷爷不满地看了约翰一眼，说："贝多芬很聪明，我刚才教了他几首儿歌，他很快就学会了，他还想学钢琴呢！"然后扭头吩咐贝多芬："把学会的歌唱给你爸爸听！"果然，贝多芬一口气把几首儿歌从头唱了一遍。

　　约翰听罢，高兴地一把抱起儿子说："你真了不起！来吧，我教你弹钢琴。"

　　贝多芬闻到爸爸身上的酒味，感觉很难受，他噘着小嘴，就是不肯让爸爸抱，扭动着身子说："爸爸好臭啊！"

　　老路德维希用余光打量了一下这个一副邋（lā）遢（ta）相的儿子，语重心长地说："你一定要下决心戒酒，这个孩子浑身长满了音乐细胞，需要你好好培养。一个好酒贪杯的爸爸，可不是他的榜样啊！"约翰的脸唰一下子红了，说："好的，爸爸！我知道怎么做。"

　　此后，约翰真的变了一个人，他不再去酒馆喝酒，每天除了在合唱团里排练，就在家里陪着妻子。他不再沉溺于酒精，而把心思更多地花在教贝多芬唱歌、弹钢琴和拉小提琴上。约翰在乐团和剧院里的表现也出奇地好。由于戒了酒，嗓子比过去嘹亮了，衣衫也整洁了，每当排练时，他精神抖擞，风度翩翩。

▶ 又一个"神童莫扎特"

　　日子过得很快，不知不觉已是1773年底。这年的冬天格外寒冷，空中飘着鹅毛大雪，波恩城里一片热闹景象，家家都在为即将到来的圣诞节和新年忙碌着。然而对于贝多芬一家来说，圣诞节前还有一个重要的日子，那就是玛格拉雷娜的生日，12月19日。虽然，约翰平时在演出和排练之间奔忙，看似大大咧咧，无暇照顾妻子和孩子，但是，他也有细心的一面。他知道妻子平日里为这个家操碎了心，是一个难得的贤妻良母，尽管一直为疾病所折磨，但依然坚持照料家务，看着皱纹过早地爬上妻子原本美丽年轻的面庞，他的心中充满感激、愧疚和怜爱。因此，对于妻子的生日，他是无论如何都不会忘记的。每年到了这一天，他总要热热闹闹地庆祝一番，让妻子高兴一下。

　　约翰牵着妻子的手走下楼梯，两人的脸上都洋溢着甜美的笑容。就在这时，客厅里响起了音乐。小贝多芬呆呆地站在那里，体会着眼前这美好的一幕，看着比平时更加美丽的母亲和容光焕发的父亲，听着动听的音乐，他的心里充满了幸福。

　　音乐声惊醒了早已入睡的邻居，他们纷纷穿起睡衣，揉着眼睛，来到贝多芬家里看热闹。几首曲子过后，约翰端上来各色各样的糕点招待客人，大家纷纷举杯庆贺女主人的生日，玛格拉雷娜脸上不由地泛起了幸福的红晕。紧接着，这些平日里活泼好动的音乐家，在美酒的陶醉下，纷纷起身，脱掉厚重的外套和皮靴，光着脚在地板上跳起舞来。小贝多芬也不甘示弱，他特别兴奋，随着大人们唱啊，跳啊，弹啊，大家都为他的音乐天赋而惊讶，夸他是一个像莫扎特一样的"小神童"。贝多芬十分兴奋，以至曲终人散之后，还在独自哼唱音乐会上听到的曲调。

约翰也又一次地为儿子的音乐天赋而惊讶。他想：我以后一定要好好培养他，让他超过那个被誉为"神童"的莫扎特！

这个大胆的想法使约翰激动万分。因为在当时，维也纳的莫扎特已经名扬天下，不要说与莫扎特同龄的儿童，就是一般的成年乐手也难以与莫扎特匹敌，更别说年纪较莫扎特小的贝多芬了。但是，约翰相信，凭着儿子的天赋和自己的培养，肯定会使小贝多芬成为比莫扎特更令人瞩目的神童。约翰恍惚间仿佛看到了一个令他无比荣耀的场面：众人簇拥着他和儿子，如众星捧月一般，鲜花、掌声像潮水般向他涌来。当然，还有叮当作响的金币，这可是他们一家现在最需要的。也许你会对约翰过分的自负感到诧异，即便成了真正的音乐家，一切就真的能像他幻想的那样变得美好吗？在这里，我们不得不提到一个重要的社会问题——当时的波恩城上层贵族对音乐艺术十分重视。

那时的波恩汇集了大批音乐人才，如点点繁星闪耀在波恩的天空。更为重要的是，在波恩，上至贵族下至平民，都对音乐有着狂热的爱好，从而使波恩日后成为有史以来最伟大的音乐家的故乡。这种文化氛围大大促进了波恩小城在音乐艺术上的发展，同时也对小贝多芬的成长起着举足轻重的作用。

▶ 噩梦般的童年

圣诞节过后不久，慈祥的祖父撒手离开了人世。这对当时只有三岁的贝多芬和他的父母来说是一个巨大的打击：约翰失去了管束；贝多芬再也得不到老人的疼爱和耐心的教导；更可怕的是，家庭收入减少了，家里的境况一天不如一天。

前面我们说过，贝多芬的父亲约翰，喜爱饮酒，缺乏自制力，既不善于持家理财，也不乐于在音乐艺术上精益求精。之前因为有父亲严厉地看管，他的性格才渐渐好转。老路德维希去世了，他又成了一匹脱缰的野马，没有人束缚他，他又开始酗酒，整日烂醉如泥。每次喝醉之后就倒在马路上，不省人事，不是被好心的邻居送回家，就是被警察带到警察局。久而久之，他清亮的嗓子变坏了，他再也没有资格担任独唱，只能勉强留在宫廷的乐团里做个合唱歌手，薪俸收入也很微薄。事业和家庭在渐渐没落。

懂事的贝多芬稍大一点，就知道帮助妈妈照看弟弟，干一些提水、扫地之类的简单家务。

父亲约翰喝醉了酒，回到家里就发酒疯，借着醉意把一家人弄得鸡飞狗跳。他骂妻子，打贝多芬耳光，发泄心中对生活与事业的失落与不满。也许，小的时候挨了父亲太多的耳光，是贝多芬日后失聪的原因之一。

贝多芬 6 岁的时候，父亲把他送到一所公立学校读书。约翰对他的学习成绩漠不关心，在他看来，只有学习音乐和练琴才是贝多芬最重要的功课。此时，前途灰暗的约翰把出人头地的希望寄托在儿子身上。

1778年3月26日，约翰在贝多芬7岁零3个月的时候，为了实现他的梦想——造就第二个"神童莫扎特"，有意少报了贝多芬的实际年龄，在科隆为"6岁"的贝多芬举行了公开的音乐演奏会。

这天下午5时，在约翰的精心安排下，贝多芬第一次登台表演了。他熟练地演奏了钢琴协奏曲和三重奏，赢得了阵阵喝彩。选帝侯出席了音乐会，充满灵气的贝多芬很讨他的喜欢。但这次演出的结果让约翰很失望，小贝多芬并没有像他预期的那样声名鹊起，在波恩，贝多芬父子并没有引起太大的轰动。约翰想要出人头地的梦想破灭了，但是他并不甘心，仍然不断为贝多芬寻找机会。

在那次音乐演奏会的3年以后，即1781年，11岁的贝多芬又被父母拉着一同去国外旅行演出了。他们去了荷兰的鹿特丹。然而，同之前一样，他们没有获得多少掌声，也没有赚到多少钞票。这令全家人再一次感到失望。所以，当贝多芬从荷兰回来后，稚气的他坚决地表示："我这辈子再也不到那里去了。荷兰人是小气鬼！"

不得不说，在贝多芬的童年时代，音乐教育对他来说就像一个噩梦，是父亲硬塞到他的脑子里去的，而不是由他的天性自由吸吮的。所以，父亲的这种急功近利的教育非但没有助长他的才华，反而伤害了他的天赋。而且因为父亲对他在学校的成绩一点都不关心，他的学习一团糟。他本来有希望表现得像莫扎特一样棒，但事实上，在所有人眼里，他不过是一个很平凡的孩子。

由于父亲酗酒，挣来的钱越来越少，花掉的钱越来越多，家里的状况变得越来越差，贝多芬11岁时便被迫休学了。童年的这种不幸不仅对贝多芬的早期教育造成了伤害，而且对贝多芬的人生也产生了重大影响，尤其是给他的心理和精神上留下了永远无法弥合的创伤。也正因为如此，他很早就养成了孤僻的性格和独自思索的习惯。直到成年以后，每当精神危机到来之时，他对于大自然发自内心的爱和充满诗意的体验，才能帮助他治愈心灵上的伤口。

▶ 喜遇名师

　　1778 年，波恩成立了一家国立剧院。该剧院从柏林请来了当时许多著名的艺术家。其中有位叫菲费尔的年轻人赢得了约翰的信任和敬佩，他既会唱歌又会演奏各种乐器，可谓是多才多艺，两个人很快便成了莫逆之交。菲费尔是个单身汉，在波恩没有合适的住所，因此，热心的约翰把朋友接到家中，安排在一间空置的小屋中。

　　偶然间，在一次听完贝多芬的演奏之后，菲费尔意外地发现贝多芬有着无与伦比的音乐才华。他走到小贝多芬面前，抚摸着他的头，激动地说："好样的，孩子，你将来一定会成为一个了不起的人物。"

　　一旁的约翰闻听此言非常得意，想到连菲费尔这样杰出的艺术家都夸赞儿子，他忍不住自豪地说："他是我手把手教出来的。"

　　听了这话，菲费尔反而一愣，问道："难道没有一个专业的钢琴老师来教他吗？"这句话如同一盆冷水般泼在正在兴奋的约翰头上，急躁的他顿时十分恼火，厉声反问道："难道您认为我没有资格教我的儿子吗？"

　　菲费尔笑了，连忙解释说："亲爱的约翰，很对不起，你误会了。我的意思是说，在声乐上你很有天赋，但说到教钢琴又是另一回事了，因为这需要很多理论知识，还要有教育儿童的经验，这正是你所欠缺的。你的儿子有很好的天赋，现在所缺少的

是科学的培养，他需要一个专业的钢琴教师。"

听罢，约翰虽然满心不快，但嘴上不得不承认菲费尔的话很有道理。出乎贝多芬父子意料的是，菲费尔主动提出做贝多芬的音乐教师，这让贝多芬和他的父亲都惊喜不已。

菲费尔是一个颇具创造精神的年轻人，他明白约翰的教育方法是不妥当的，于是转变了对贝多芬音乐教育的方法。刚开始的时候约翰并不乐意菲费尔这样做，但他本身非常崇拜菲费尔，对菲费尔的话几乎到了言听计从的地步，因此便安心同意菲费尔按照他的计划对贝多芬进行教育。

此时，贝多芬也已休学了。经过了之前菲费尔的点拨，从此他更是一门心思地扑在音乐上。正在菲费尔和约翰为贝多芬失去老师而烦恼的时候，约翰了解到波恩著名的塞莱尔剧团有个音乐指挥叫聂弗，他是一位出色的音乐家。他认为只有这样的人才配教他的天才儿子，于是向聂弗提出了请求。没想到，同菲费尔一样，聂弗一下子喜欢上了这个充满灵气的孩子，欣然答应做贝多芬的指导老师。

聂弗来到波恩两年多，由于他的影响，波恩音乐界出现了全新的风气。选帝侯为了把聂弗留在波恩，诚邀聂弗做教堂的乐师，指定他为宫廷风琴师伊登的继任人选。

聂弗在音乐上造诣极深，他给贝多芬上第一课后就发现，贝多芬虽天资过人，却没有得到良好的、系统的训练，琴技没有得到充分地发展。所以，聂弗决定以巴赫的钢琴著作《关于钢琴的真正方法尝试》作为基础教材，对贝多芬进行系统地教学。

贝多芬的确是个天才，他似乎生来便与巴赫的乐曲有着不解之缘。一接触到巴赫的乐曲，这个年仅 11 岁的男孩就以无比的热情投入了弹奏。在贝多芬的演奏下，巴赫乐曲的巨大感染力被淋漓尽致地表达了出来。这种超凡的美，起初连老师聂弗都没有发现。一段时间之后，聂弗才惊讶地发现，在小贝多芬强有力的演奏里，蕴藏着一股强大的感情、炽热的风暴，这是一阵叛逆与创

第一章 天才的降临

有"乐圣"之称的德国天才音乐家

造的旋风，一种不断追求革新的精神，他为此感到深深的震撼。

不得不说，直到受教于聂弗，贝多芬才算遇到了第一个真正了解自己内心的人，从此他如鱼得水，尽情畅游在音乐的海洋里。

▶ "小荷才露尖尖角"

有一次，贝多芬把自己根据德莱斯勒的进行曲改编而成的一首钢琴奏鸣曲拿给聂弗看。信心满满的贝多芬满以为会得到老师的夸奖，但聂弗看过之后却语重心长地批评他说："孩子，你写得太空泛了。不能完全照搬作者的主题，应该表达自己内心的真实情感。"贝多芬的心里有些不快，但坚强的他并不愿就这样认输。

不久，贝多芬又交给聂弗一首曲子。与上一次的乐曲不同，它的旋律狂暴激烈，每一小节都是对传统作曲法则的挑战。聂弗听完贝多芬的弹奏之后默然良久，他第一次听到这么不和谐的音乐，他能从中看到贝多芬内心世界的混乱，他知道贝多芬已经在用音乐直抒胸臆了。

聂弗在通过巴赫的作品为贝多芬打下了坚实的基础之后，紧接着便向他介绍了当代有名的钢琴曲。热情的聂弗首先介绍了史特克尔的作品，这位音乐家喜欢创作高雅的轻音乐，其作品深受贵夫人们的喜爱；他还向贝多芬介绍了自己的作品，这些作品感情强烈真挚，富有革新精神，对新的钢琴奏鸣曲的发展起到了推波助澜的作用。同时，聂弗还结合各国音乐家的名曲，系统地向贝多芬讲解了作曲的理论，使贝多芬的作曲水平有了十足地进步。

一天，聂弗对贝多芬说："你还应该懂得一些管弦乐的知识。"

贝多芬很是惊讶，瞪着好奇的眼睛问："为什么?"

聂弗说："如果你想要成为一个伟大的音乐家，你的知识既要

专业又要全面。就如同一棵大树，专业知识是它的树干、树冠，而更加广博的知识好比扎在土壤里的主根、支根和须根。"

贝多芬欣然同意说："老师，我明白了！"

聂弗是管弦乐队的指挥，他不止一次带着贝多芬参观宫廷管弦乐队的排练。聂弗首先向贝多芬介绍了乐队的组成，然后拉着他的手在乐队间走来走去，认真告诉他每一种乐器的名称、用途、音色的特点，等等。最后又会耐心给贝多芬讲解各种乐器应如何有机地搭配以及配器艺术的一般原则。

后来聂弗又带着贝多芬听了几次高水平的音乐会。贝多芬聆听着乐队的演奏，好像作曲家就站在他的面前，面对面向他倾诉自己的胸怀情愫。贝多芬也随着乐曲的不断变幻而心潮起伏。这时的贝多芬深深体会到了音乐的无边魅力，更加坚定了为之奉献一生的决心。

经过一段时间的历练之后，聂弗觉得此时的贝多芬是该踏入社会、接受大众评定的时候了，他期待人们能够注意到这颗新星的升起。

不久，贝多芬在恩师聂弗的指导之下发表了他的处女作，封面上写着：根据德莱斯勒先生一首进行曲谱写的钢琴变奏曲——献给沃尔大·摩大尼西大人。作曲：路德维希·凡·贝多芬。

作品一出，便在音乐界引起了巨大的反响，随后不久的一本音乐杂志上发表了一篇评介贝多芬的文章，其中写道："贝多芬，中音歌唱家的儿子，11 岁，公认的天才。他的钢琴演奏富有力度。他对乐谱了如指掌，能演奏巴赫《十二平均律钢琴曲集》中的绝大部分，那是由聂弗先生亲自传授的。对于任何一个稍有音乐常识的人来讲，这本曲集的难度是不言而喻的。最近，在聂弗先生的精心调教下，贝多芬开始尝试作曲。他的一首根据进行曲谱改编的钢琴曲已经出版了。我们有充足的理由相信，如果这位少年天才能够一如既往，继续不断地精益求精，他将来一定能成为莫扎特第二的。"评价之高显而易见。

每天乐队排练时，聂弗总是让贝多芬站在自己的旁边观察、模仿。就这样一直过了许多天，聂弗试着让贝多芬上台指挥。让老师高兴的是，贝多芬对指挥非常感兴趣，他觉得手中的指挥棒就像一支魔法棍，自己就像那个施展魔法的魔法师，只要用它对着某一部分轻轻一点，某一部分人就立即演奏起来，仿佛自己就是整个乐队的灵魂和核心，所有人的眼睛都把注意力集中在他手中的那支短短的指挥棒上，只要他两只胳膊一收拢，整个乐队的乐器就戛然而止。每逢排练歌剧，聂弗便放心地派贝多芬去教堂代他弹琴。而贝多芬也不负恩师所托，每次都能出色地完成风琴伴奏，波恩城里的人们无不拍手叫绝。

成长关键词

激情、顽强、博爱

就这样，贝多芬作为聂弗的助手，在教堂和剧院两处工作，这对他以后的发展产生了很大的影响。但因为他还没有一个正式的职位，所以仍然拿不到薪金。

1783 年夏天，贝多芬难以遏制自己喷涌而来的创作欲望，一口气写下了三首钢琴奏鸣曲，题名为《青年奏鸣曲》，再加上过去写的九首变奏曲一块儿结集出版。聂弗从这些作品中无比欣慰地发现，聪明的贝多芬既吸收了史特克尔欢快的旋律风格，又在其中引入了巴赫庄严的精神内涵，比过去所创作的曲子有了明显的进步。他兴奋地鼓励年轻的贝多芬把这个作品集献给选帝侯，而这一举动也理所当然地受到了选帝侯的褒奖。

从此以后，贝多芬越来越引人注目。他并没有因此而骄傲自满，反而更加勤奋努力。他花了几周时间创作了一套钢琴曲，节奏快得惊人，难度巨大，连老师聂弗试奏时都感到非常吃力，但贝多芬却能轻松地从头弹到尾，十分潇洒自如。

聂弗见状又惊又喜，今非昔比啊，当初那个不谙世事的小学生如今已成为众人眼中的焦点，在钢琴方面，小小年纪的贝多芬有时似乎表现得比他还要出色。作为老师，他感到自己已经没有更多的东西教给贝多芬了。年轻的贝多芬应该学满出师了。

名人名言·天才

1. 我是个拙笨的学艺者，没有充分的天才，全凭苦学。

——梅兰芳

2. 什么是天才！我想，天才就是勤奋的结果。

——郭沫若

3. 哪里有天才，我是把别人喝咖啡的工夫都用在了工作上了。

——鲁　迅

4. 没有加倍的勤奋，就既没有才能，也没有天才。

——[俄]门捷列夫

5. 天才出于勤奋。

——[苏联]高尔基

6. 所谓天才人物指的就是具有毅力的人、勤奋的人、入迷的人和忘我的人。

——[日本]木村久一

7. 敢于冲撞命运才是天才。

——[法]雨　果

8. 天才的悲剧在于被小而舒适的名望所束缚。

——[日本]芥川龙之介

9. 天才是由于对事业的热爱而发展起来的。简直可以说，天才——就其本质而论——只不过是对事业，对工作的热爱而已。

——[苏联]高尔基

10. 智慧、勤劳和天才，高于显贵和富有。

——[德]贝多芬

有"乐圣"之称的德国天才音乐家

Beethoven

破茧化蝶

苦难是人生的老师。通过苦难，走向欢乐。

——［德］贝多芬

▶ 家庭教师

　　贝多芬学满出师的第一份工作，仅仅是为了满足家庭生活的需要。

　　1784 年 4 月，新选帝侯麦克斯宣誓就职。宫廷官员对贝多芬的印象都非常好，他们在给新选帝侯的报告中对贝多芬的评价很高，这让贝多芬感动不已。新的选帝侯也很高兴，很快就批准了这一报告，任命贝多芬为第二风琴师，月薪为 150 古尔登，并郑重地下达了一张任命状。

　　虽然贝多芬和那些宫廷官员们相比工资并不高，但他从此有能力帮助贫困的家庭了，他为此还兴奋了好一阵。然而，天有不测风云，上天似乎有意要折磨这位音乐奇才，不幸的事紧接着就发生了。

　　按理说，家里增加了比以前多数倍的薪俸之后，日子应该过得好一些。恰恰相反，贝多芬的父亲丝毫不在乎这些钱是儿子辛苦赚来的，看到收入增多了，喝得更厉害了。

　　更为不幸的是，这时贝多芬的母亲身体状况也越来越糟。自从她生了贝多芬以后就得了肺病，经过治疗虽然有了一定的好转，但还是时不时地复发，再加上长期营养不良与接连生儿育女（在贝多芬之后，玛格拉雷娜又接连生了六个孩子——三个女儿，三个儿子。很不幸，其中三个女儿和一个儿子夭折了），她的身体彻底垮了下来。因此，家里比以前更窘迫，更困难。

　　贝多芬很想给母亲治病，先是托人请了一位大学生维格勒来给母亲治病。维格勒比贝多芬大五岁，是一个乐于助人的青

第二章 破茧化蝶

年，为人忠厚善良，正在医科大学学习。维格勒以前就很喜欢贝多芬，现在看到贝多芬如此孝顺母亲，很受感动。所以他对玛格拉雷娜照顾得也特别周到，在维格勒的精心治疗下，玛格拉雷娜的病情大有好转。

因为有了这一段时间的相处，贝多芬和维格勒成了知心朋友。他们经常在一起谈心，十分投机。有一天贝多芬对维格勒说："我真羡慕你，在大学里读书，整天过着无忧无虑的生活。"这是他的心里话，年少时父亲的干预让他过早地结束了在学校的生活，这将是他一生的遗憾。

为了帮助贝多芬，维格勒建议他去当家庭教师。贝多芬欣然同意了。于是，维格勒打算介绍他到布鲁宁夫人家里当家庭教师。

布鲁宁夫人的丈夫布鲁宁先生以前在宫廷当参议官，和维格勒交往很深。可惜在1777年的大火中不幸丧生了，抛下孤独可怜的布鲁宁夫人带着四个孩子生活：儿子斯蒂芬、克里斯托弗、兰茨，女儿艾莱奥诺蕾。

第二天，维格勒陪着贝多芬来到布鲁宁夫人家。布鲁宁夫人听到这个消息非常惊喜，忙迎上前去说："贝多芬先生您好，我们家四个孩子早就听说您的大名了。一听说您来教课，他们都高兴得不得了，真不知道该怎么感谢您才好。"

女儿艾莱奥诺蕾调皮地走过去，行了一个屈膝礼说："我叫艾莱奥诺蕾，请老师以后多指教啦！"

贝多芬本来就不善交际，见了生人更是不知道该说些什么，只是拘谨地搓着两手，谦逊地说："我其实没有什么名气，只不过会弹几首曲子罢了。"

兰茨忙插嘴说："波恩的人们包括我们几个都非常爱听您弹琴。"

贝多芬听了，憨厚地笑了笑。

贝多芬从此就当上了布鲁宁夫人家的家庭教师，他上课很准时，对工作也非常认真。

　　布鲁宁夫人酷爱文艺，她的家可以称得上是一个小型的艺术中心。波恩的一些文学家、艺术家经常到这里聚会，几乎每晚都有音乐会或舞会。在平时的音乐会上，大家都爱请贝多芬以即兴演奏的方式描绘一个大家都十分熟悉的人物。久而久之，贝多芬熟悉了当时德国文坛上许多声名显赫的文艺理论家、诗人、剧作家，如莱辛、席勒、歌德等。

　　就这样，一直过了几个月，贝多芬在布鲁宁夫人家开始感到快乐和幸福，逐渐消除了内心的隔阂。他体会到了家庭的温暖，他不仅在这里度过白天的大部分时间，在这里吃饭，与孩子们一起玩，一起弹琴，有时还在这里过夜。在以前，贝多芬只有在教堂弹管风琴，或在乐队里指挥演奏，或独自弹奏莫扎特的奏鸣曲时，他才能感到轻松一些，从烦心事中得到暂时的解脱。

　　贝多芬在布鲁宁夫人家还结识了爱好音乐的瓦尔德斯坦伯爵，此人比贝多芬大9岁，是条顿骑士团的伯爵，也是新选帝侯的宠臣。他非常赏识贝多芬的音乐才华，并鼓励贝多芬发展即兴演奏的才能，他还经常在经济上支持贝多芬。由于瓦尔德斯坦伯爵的推荐，贝多芬经常出席新选帝侯宫廷的音乐会，演奏莫扎特的作品。他的演奏如此出众，吸引了所有人。大家都为贝多芬的才华所惊叹，特别是当他演奏莫扎特的钢琴奏鸣曲时，能很好地表达出曲中的无限伤感之情，仿佛此刻的贝多芬就是莫扎特的化身。殊不知，从幼年起就不断听到有关莫扎特话题的贝多芬，久而久之早已将莫扎特尊为自己的偶像。当贝多芬17岁时，便产生了去维也纳拜访莫扎特的强烈愿望。

　　在去布鲁宁夫人家当家庭教师后不久，贝多芬为了养家，被迫去教更多的私人钢琴课，同时还要抽出一定的时间来照顾母亲和管教淘气的弟弟。由于父亲的原因和经济上的困窘，母亲得不到良好的治疗，病情更加严重了，长期卧床不起。15岁的贝多芬，就这样过早地挑起了本应是成年人承受的生活重担。有一次，他曾感慨地对朋友说："为了挣口饭吃而工作，真难！"

▶ 折服大师莫扎特

一天一大早，满脸笑容的聂弗迫不及待地推开了贝多芬的家门，一把拉起还在睡梦中的贝多芬说："起来，有好消息告诉你！"

贝多芬昨晚练琴直到深夜，本想好好地休息一下，却被老师突然打搅了。他极不情愿地爬起来，无精打采，使劲揉着眼睛。

聂弗从怀里掏出一封信，大声说道："你就要见到莫扎特了！"

这是天大的喜讯啊！贝多芬顿时清醒了过来，他摇摇头，简直难以置信："老师，您在开玩笑吧？"也难怪贝多芬没有自信，当时的莫扎特已是举世瞩目的大音乐家，许多大人物都难以见他一面，何况像他这样不名一文的孩子！他一直觉得，拜会莫扎特，不过是他一个美好的心愿罢了。

聂弗笑道："你瞧！这是选帝侯亲笔写的推荐信！"

说罢，他连忙展开一张雪白的带有精美花边的信纸，一字一句清楚地念道："尊敬的莫扎特先生，我在此荣幸地向您推荐路德维希·凡·贝多芬先生。他是波恩人人皆知的音乐天才，从4岁起就开始学习音乐，年仅11岁就发表了作品，尤为擅长钢琴演奏。贝多芬一直非常钦佩您，盼望一睹您的尊颜，并且诚恳地向您求教一些音乐方面的问题。若能蒙允，那将是他终生的荣幸！"

贝多芬接过信，瞪大眼睛仔仔细细地看了一遍又一遍，他终于相信这是真的，快乐立刻充满了他的心房。难以抑制心中激动的他高兴地在床上跳了起来，径直扑进了老师的怀里。

贝多芬疯狂地向屋外奔去，他想尽快告诉爸爸、妈妈和所有他认识的人这一喜讯，让大家分享他内心难以名状的快乐。聂弗则跟在他后面高喊："贝多芬，你的鞋还没有穿呢！"

1787 年春天的一天，贝多芬终于在瓦尔德斯坦伯爵的帮助下，获得了新选帝侯的资助，前往维也纳去拜会久负盛名的莫扎特。这次拜访对贝多芬以后的音乐道路影响深远。

贝多芬坐在邮车上心潮起伏，他终日向往的、世界级的音乐和戏剧圣地——维也纳很快就到达了。在维也纳，他迫切地想尽快见到心中的偶像莫扎特，这种心情让他无心顾及其他，连这里最吸引人的名胜古迹，在他心中也没有一丝波澜。

休息了一个晚上，第二天吃过早餐，贝多芬就揣着选帝侯写给莫扎特的推荐信，叫了一辆马车，来到维也纳的郊外。在路人的指点下，贝多芬很快就找到了掩映在小树林中的莫扎特的住宅。梦想已久的一刻就要到来了，贝多芬怀着崇敬的心情，忐忑不安地敲响了大师的家门。

贝多芬站在门外等了片刻，走出来开门的是一位身材矮小、相貌平庸无奇的中年男子，这让贝多芬略微有些吃惊。他用近视的蓝眼睛在贝多芬的身上打量了一番，问道："你找谁？"

贝多芬紧张得来不及答话，急忙递上揣在内衣口袋里的选帝侯写的介绍信。这位矮个子男人接过信，一目十行地扫了一遍。这时候贝多芬才借机仔细地观察这位陌生人：他的头发呈淡黄色，由于身材过于瘦小，头显得有一点与身体不成比例，雪白的衬衫袖口露出一双白皙的手，手指纤细修长但看上去很有力量，显然是常年练习钢琴的缘故。男子扫视完介绍信，不冷不热地说："请进。"音乐史上的两位巨星就这样会面了。

原以为自己尊崇多年的莫扎特大师一定是一个身材高大、相貌堂堂的人。但今天一看，大师的外貌竟是如此平凡，他心中多少有些失望。但他也因此对自己增加了些许信心。于是，他在琴台上坐下来，平心静气，略一思索，弹起了他最喜爱的《幻想曲》。这首曲子他不知练过多少遍，他对曲子的把握已经到了炉火纯青的境界，指法非常灵活，情感表达也很完美。他希望借这首曲子引起大师的重视。

一曲奏罢，莫扎特仍然不动声色地说："你不可能只会弹这一首曲子吧?"贝多芬一听，心里有些不高兴。他以为这是大师对自己的轻视。他并不知道，当时许多前来拜访莫扎特的人，事先在家里反复练熟一两支曲子，以期待引起大师的注意。当莫扎特再让他们弹其他的曲子时，那些人的手指就不听使唤了。所以，莫扎特绝不会仅凭一支曲子就对演奏者轻易下结论的。贝多芬心想：好吧！那就请你见识一下我弹即兴曲的本领吧！他很有礼貌地说："莫扎特先生，请您给我一个主题，我将为您弹一首即兴曲!"

莫扎特

莫扎特听后，笑了笑说："好吧!"紧接着，他轻描淡写地伸手在琴键上弹奏了一段曲子。这是莫扎特正在创作的大型歌剧《唐璜》里的一段。

贝多芬真不愧为音乐天才，他只听了一遍就牢牢记住了曲调。乐曲在贝多芬的指尖下好像经过一场暴风骤雨的洗礼，突然又晴空万里，令人感到明朗、舒畅、美妙无比。当贝多芬的两手停在黑白键上，原来人声鼎沸的客厅，现在已鸦雀无声。

莫扎特万万没有料到，坐在自己面前这个长得黑黑瘦瘦、不修边幅的小伙子，竟有如此高超的琴艺。他激动地对贝多芬说："很好! 你可以做我的学生，约个时间来上课吧!"然后，莫扎特站起来对客厅里在场的人宣布："你们眼前的这位年轻人，在不久的将来，他就会成为杰出的音乐家，震撼整个世界!"泥土只能压住破砖烂瓦，但绝对埋没不了黄金。

▶ 闯进大师的音乐圣殿

贝多芬见到了莫扎特，实现了多年的夙愿，还拜了大师为师，高兴得不知如何是好，躺在床上辗转反侧。

之后，贝多芬在维也纳又住了六周。莫扎特事务繁忙，一方面他正在紧张地创作歌剧《唐璜》，另一方面找他求学的人络绎不绝。贝多芬只上了一两次课，主要是学习作曲，但这短短的两次课已经让贝多芬感到无比欣慰了。课堂上，他如饥似渴地向大师学习各种技巧，不断向大师询问各种有关作曲、演奏的困惑。

这次，贝多芬才真正推开了他与艺术大师之间的大门，闯进莫扎特心灵的音乐宫殿。这位欧洲音乐舞台上的强人，甚至对名家巴赫、泰勒曼、海顿等都不屑一顾，而此刻，面对眼前这个天资聪慧的少年提出的问题，莫扎特侃侃而谈，从演奏技巧谈到对乐曲的理解，从作曲家的个性又谈到了音乐的风格，令贝多芬受益匪浅。

从莫扎特的笑意上看出，他显然已经把贝多芬当成了朋友："看起来，将来你可能是一个天才的作曲家。可你在音乐理论上大概还得从头开始，小伙子。"

"是的，先生。"贝多芬毕恭毕敬。

就这样，在这一问一答中，两个人都有一种相见恨晚的感觉。他们彼此间的距离，也在这维也纳的美丽黄昏中，不知不觉地拉近了。贝多芬以自己的天赋和学识受到了大师的器重，他庆幸自己终于又有了一个在艺术上得以深造的好机会。

为了生活，为了能在莫扎特身边继续学习，贝多芬在求学的间隙，便去一位贵族家中担任为舞会伴奏的乐师。由于他的演奏技巧高超，很快就成了这家人的座上客，并获得了一份足以使他在维也纳生活下去的报酬。

此时，一代音乐巨匠莫扎特夜以继日地忙着创作。原来，他已经和一位音乐商签订了一份合同，要在这一年的秋天将歌剧《唐璜》的全部乐曲完成，并交由歌剧班排练和上演。

一天上午，贝多芬和往常一样，如约来到老师家里求教。一走进客厅，他就看见老师手拿羽翎笔，正在一张谱纸上急速地写着。为了不打扰他，贝多芬只好坐在离他不远的沙发上静静地等待。半个小时过去了，一个小时过去了，老师好像把自己的学生完全忘了。

贝多芬看见老师工作得很专注，写到紧张情节出现的时候，只听他牙齿咬得咯咯直响，连鼻孔也抖动不止。最后，莫扎特的思路显然受阻，写不下去了，他便仰起头来呆呆地望着天花板，似乎要从那些几何形图案和吊灯中捕捉新的灵感，然而这没能如愿。当他转移视线时，发现了贝多芬："唔，亲爱的小伙子，你什么时候来的？"贝多芬站起来回答说："先生，我在这里等您，已经有一个多小时了。"

"你来得好极了！"莫扎特耸耸瘦削的肩膀，微笑着，把一份空的谱纸递到贝多芬面前，"我这会儿有些不舒服，你来把这段咏叹调给我补全，可以吗？"

"先生，你要我补写一段歌剧的曲谱吗？"贝多芬愣了，失声叫了起来，"这……我能行吗？"

"孩子，你完全可以写，动笔吧！"

莫扎特嘱咐他，那一段主旋律要有条不紊、清晰明快，很自然地过渡到下面的四重奏。贝多芬拿起羽翎笔，又读了一遍前面谱子上的音符，行云流水般很快就写完了。

莫扎特拿过完整的曲谱，照着它哼唱了起来，然后一双蓝眼睛高兴得几乎激出火花。"太棒了，贝多芬！简直可以说是天衣无缝，你准确表达了我的感情，我的思路。"莫扎特朗声大笑了起来。

贝多芬天才的作曲技艺，受到了莫扎特的赞赏。从这天起，他便常常替大师完成些案头的工作，成了大师的左右手。

莫扎特献出了自己的青春，却让剧院老板发了大财。莫扎特从《唐璜》中得到的报酬，仅仅是五百多个古尔登，还不够买一架钢琴。贝多芬知道后，为老师打抱不平，在联想到自己之前的境遇，他非常气愤。贵族们大发横财，而真正的天才却要忍饥挨饿。维也纳皇家贵族们竟如此对待这样一位伟大的音乐天才，一位属于世界的音乐天才。

有一天，莫扎特穿过一个广场，来到一家戏院前面，见街口一个角落里，有一位双目失明的老人在拉小提琴。莫扎特一听就听出来了，那是一支他创作的协奏曲主调。老人兴致勃勃地拉着，地上放着一顶空帽子。许多过路人围在那儿欣赏，但是没有人把钱扔到帽子里。

莫扎特拨开人群，走了进去问那个老人："请你告诉我，你常常拉莫扎特的曲子吗？你为什么不拉别人的曲子呢？"

"是的，先生您不知道，"老人边拉边说，"现在维也纳的人都喜欢听莫扎特的曲子，都听得入迷了！"

"老人家，你能够依靠拉莫扎特的曲子来维持生活吗？"莫扎特问。

"能够，先生，足够我维持生活的需要了。"老人回答。

莫扎特感慨地对老人苦笑道："天哪，你能够靠拉曲子维持生活，而我却不能，就连订牛奶的钱都没有了。"

几天后，莫扎特的病情刚刚好转，就从病榻上支撑起身体，继续为贝多芬讲解和声学和对位法这些钢琴的知识。贝多芬也全神贯注地倾听着大师的每一句话，晚上回到家中再勤学苦练。

转眼间，迷人的夏天来到了维也纳，又一次难得的机会降临到了贝多芬的身上。由于莫扎特刚刚病好不久，而又无法推辞维也纳公众邀请他在康恩奈尔陶剧院举行音乐会的请求，便决定让贝多芬来替代自己。

一时间，最荣耀的桂冠戴在了他的头上，同时，赞扬和邀请也纷沓而至。但贝多芬没有陷进去，他清醒地告诫自己，沉溺于这些美酒、宴请以及那些贵族小姐们的柔情，自己的艺术生命就会被毁掉的。

▶ 痛失慈母

不久，贝多芬接到父亲的来信，告诉他"母亲病重，望速归"。顿时灰色的云低低地压着维也纳城，也压在贝多芬的心上。他暗自思忖着：这几天，莫扎特的病经常反复，课也几乎停讲了。而自己如今整天困在别人的家中，靠为舞会伴奏谋得食宿，这终究不是长久之计。他甚至在想，自己此刻滞留在维也纳，是不是正在犯着一个美丽的错误。

看完父亲的来信，贝多芬的心简直都要碎了。母亲的生命已经快要走到尽头，而父亲，竟然是这样地不理解他，他到维也纳这座繁华的城市后，从来没有贪恋过美酒和欢宴。他节省下的每一文钱，此刻都存在抽屉里，正准备给家里寄去，好给母亲治病，给两个弟弟买面包。听到父亲责备的口气，他怎能不伤心？

于是贝多芬下定决心，明天就回波恩去，回到家人和母亲的身边去。

第二天一大早，贝多芬收拾好行装，匆匆向莫扎特夫妇致谢告别后，便准备启程返回波恩。他怀着沉重的心情搭上一辆马车，踏上了回乡之路。

这趟维也纳之旅，成为两位音乐大师此生唯一的交集，从那

成长关键词 激情、顽强、博爱

以后，他们再也没有见过面。1792 年 1 月，当贝多芬第二次来到维也纳，莫扎特已于头年 12 月 5 日去世了。圣地依旧，可大师已经撒手人寰（huán），怎不令人扼腕长叹？

贝多芬乘坐的马车驶进波恩城的时候，太阳已经下山了。波恩巷二十号的小阁楼也是漆黑的一片。父亲到酒馆喝酒去了，弟弟卡尔和约翰东倒西歪地睡在床上。

"妈妈，妈妈，你睁开眼看一看我！"贝多芬扑到母亲床前，眼前的母亲已是离开了世间。他泪流满面地跪在床前，期待母亲再一次睁开双眼。可是，母亲此时却再也听不见儿子的呼唤了。

1787 年 7 月 17 日，这位为全世界养育了一个伟大天才的女性走完了她那艰难坎坷的人生之路，永远地闭上了双眼。为贝多芬的母亲举行葬礼的时候，邻居们都哭了。

母亲去世不久，贝多芬也病倒了。某些症状使他极为担心这病是母亲传染给他的肺炎，为此他陷入了深深的忧郁之中。从维也纳带来的失落感，到母亲的去世以及父亲的堕落，身边各种各样的烦恼和忧虑，对于正在成长中的贝多芬来说，这一切令他难以承受。

贝多芬的两个弟弟完全变成了野孩子，没有人照管他们。大弟弟卡尔已经 15 岁了，也很有音乐的天赋，会弹钢琴。12 岁的小约翰也很聪明，但因为没有人管他，所以整天撒野放荡，无所事事。尽管如此，年轻的贝多芬像以往一样把这一切都担在了自己的肩头，他信守着"紧紧扼住命运的咽喉"的座右铭，勇敢而认真地尽到了家长、抚养者和乐师的职责，这是多么令人钦佩呀！蕴藏在他内心的责任感给了他奋起抗争的信心和勇气，支持着他去克服一切困难，也使他坚定和完善了自己的人格。

恰巧此时，上帝对贝多芬伸出了援助之手，波恩大学准备破格录取贝多芬。这是一所刚成立不久的大学，它很快就成为欧洲一所非常著名的高等学府了，德国乃至世界各地许多德高望重的教师们都被聘请过来，同时许多年轻人也像潮水一样从四面八方来到这里，慕名来这里学习当时最先进的医学、法律和哲学知识。波恩大学很快便声名远扬，当时有人是这么描绘这所大学的："成千上万的学生聚集在这里，它像极了一座城市。最主要的是这里评价学生的标准不是家庭财富，而是个人才能；就连汇聚到这里的世界各地的外国人，他们都常常赞扬这里人人平等，尊重人才。这在当时是极具创造性的一项规定，学生中始终活跃着一种独立自由的气氛和精神。就连教学方法与欧洲其他地方也有很大差别，比如在每个院系里都有好几个教授讲授同一门课，这就引起了激烈的竞争。这在当时是很先进的一种方式，几乎每个学生身上都表现出普遍的好学精神。教师们不仅有渊博的学识，而且教学方法也极为严谨。"

贝多芬喜欢坐在一旁好奇地看着他们，听他们在那里高谈阔论。虽然对他们争论的问题似懂非懂，但他看得出来，他们的确是一些知识渊博的人，与他们交往肯定会使自己受益匪浅。于是，他心里那股强烈的求知欲在此刻又一次地升起。

成长关键词
↓
激情、顽强、博爱

▶ 热情四溢的波恩大学

1789 年，贝多芬喜气洋洋、满怀期望地踏进了波恩大学的校园，开始了他的大学时代，这可以说是他人生的一个重大转折。

当时恰逢大革命时期，在波恩大学无论教师还是学生，都参与了大量的政治和社会活动。1789 年发生的法国大革命，以迅雷不及掩耳之势推翻了封建专制王朝的统治，给了波恩大学的师生极大的鼓舞，那些新来的教师和学生们的革命热情也随之高涨了。

在大学里，贝多芬学习非常刻苦，努力去学好每一门功

课，他选修了斯奈德教授的希腊文学课。斯奈德教授是一位酷爱自由，对封建专制深恶痛绝的人，他曾经慷慨激昂地说："一年的自由对人类来说，比一百年的专制更有用，因为专制压制了头脑里的思想和心灵中的美德。"这位教授曾先后当过演员和宫廷乐师，后来由于某些原因离开宫廷，在政治上变得越来越激进，于是开始通过教书和写作为刚刚到来的革命时代呐喊。

斯奈德教授学识渊博，无论什么事情都敢说敢做，但是脾气非常暴躁，在科岗酒馆里，他总是与不同意他观点的人吵个不停。尽管这样，那里向往革命的年轻人还是十分崇拜他，即使与他观点不一样的人，也不得不承认他是一个富

波恩大学

有理想和激情的人。这就是大家当时对斯奈德教授的认识和评价，可以说，他在当时博得了很多人对他的崇拜和好感。

贝多芬也不例外，对斯奈德教授十分敬仰，当斯奈德在1790年出版了一本诗集时，贝多芬想都没想立即预订了一本，要知道，对于只有微薄收入的他来说，做出这个决定是多么不容易啊！贝多芬当时毫不犹豫地买下一本价格不菲的诗集，足可以看到他是多么敬仰斯奈德教授，对自由和平等的向往是多么的强烈。

贝多芬常常在清晨或夜晚，独自一人手捧斯奈德教授的诗集，高声朗诵：

专制主义的枷锁被打落了，

得到幸福的人民啊，这是你们自己的双手创造的奇迹！

君主的宝座被你们改造成自由的殿堂，

君主的天下成为人民的国家，

没有什么文告，这是我们的意志。

决定全凭人民自己，

那个巴士底狱已经成为一片瓦砾，

法国人民获得了自由！

在波恩大学的日子里，虽然贝多芬充满了革命的热情与对自由、平等的向往与追求，但那时的他还是把主要精力放在学习和创作自己酷爱的音乐上。通过不断地努力，他那时已经创作了不少奏鸣曲、变奏曲、钢琴回旋曲和弦乐四重奏，由于他的技巧已日益完善，这些作品中不乏有令人惊叹的大手笔。

值得一提的是，他当时喜欢为歌德、莱辛等著名诗人的诗歌谱曲，这些歌曲大都鲜明地表现出了贝多芬以后在歌曲创作中的理想主义倾向。法国大革命对他年轻的心灵产生了强烈的冲击，在他当时的作品中已经蕴藏着对理想、真理的追求和对人类自由、平等与博爱的信念。

成长关键词 ⬇ 激情、顽强、博爱

我们可以从一首作品中明显地看出他当时的思想。这首作品是贝多芬专门为奥匈帝国的约瑟弗皇帝的葬礼而作的。约瑟弗皇帝是一位受法国思想影响很深的人，他即位后，从1780年开始大胆改革。他先是采取一系列有利于人民的政策，这些政策恢复了农民的权益，还建立了许许多多的医院和学校，为人民做出了不可磨灭的贡献。这位伟大的改革家——约瑟弗皇帝于1790年2月不幸去世，这个噩耗传来，他的追随者和支持者悲痛万分。波恩人民决定举行追悼会来悼念这位伟大的皇帝。斯奈德教授提出用音乐的形式表达他们的哀思。他手中挥舞着几页稿纸，那是早已写好的一首悼词。

"我希望有一个出色的音乐家为它谱曲。"他非常认真地说道。贝多芬毅然从人群中站了出来，接过了这首悼诗。回到家里，他闭门谢客，带着对约瑟弗皇帝的热爱和对革命的热情，全身心地投入了创作。在经历了各种困难之后，贝多芬终于完成了这部作品，它充分显示了一个年轻而热情的革命者对博爱、自由和平等的全部热情。在这部作品中，贝多芬锐意创新，大胆使用了全新的手法，把传统彻底地抛在一边，它丰富的想象力和无所畏惧的勇气，使听众感到耳目一新。

时隔多年以后，当另一位伟大的音乐家听到这首激情澎湃的乐曲时，曾叹服说："它是彻底的贝多芬风格，它的情感和想象力中美丽而高贵的悲壮色彩，紧张而激烈的表达方式，我们都可以在他以后的作品中观察到。"

特别需要指出的是，30年后，贝多芬为席勒诗歌谱写的《欢乐颂》中，某些乐句与它十分相似。可见贝多芬对民主和自由的信念，从未动摇过，那种追寻真理，为艺术献身的精神，已经在他心底牢牢扎下根来。贝多芬就是这样在青年时代成长定型的，并保持终生不变。"一切为了真理，一切为了自由"，这是他至死不渝的信念。

正是这样的革命性成就了贝多芬的伟大与辉煌，否则，他很可能终生只是一个严肃而聪明的二流音乐家。毫不夸张地说，革命的曙光不仅照亮了贝多芬那充满热情的心灵，而且使他的人格变得高大伟岸，他的作品也因此处处闪耀着人性的光芒。

▶ 即兴演奏家

从1788年到1789年的这段时间，贝多芬是顺风又顺水，得到一系列的资助。

首先给他经济援助的是前面提到过的瓦尔德斯坦伯爵。瓦尔德斯坦绝非普通庸俗的贵族，他是一位音乐鉴赏家和实践者。他深知贝多芬的才华，是最关怀贝多芬的人之一。他用各种各样的方式支持、帮助贝多芬，曾经声称，他的任何馈赠都是物有所值的。由于贝多芬不断地从瓦尔德斯坦那里得到大量的经济援助，他最终解决了许多让他感到棘手的困难，而这些资助对瓦尔德斯坦来说不过是九牛一毛罢了。也正因为有了瓦尔德斯坦伯爵的资助和对音乐的热爱，贝多芬身上的才华才得以充分地发挥，他们两人建立了深厚的友谊。可以说慷慨的伯爵是贝多芬艺术事业上最重要的资助者，后来对贝多芬影响巨大。

除了瓦尔德斯坦的热心支持外，从1789年起，贝多芬还开始从许多名门贵族那里得到各种各样的"特殊照顾"。他迫切想改善生活窘况的愿望得到了初步实现。

1789年底，在选帝侯的应允下，他取得了代领父亲薪金的权利。这样一来，贝多芬除了自己的薪水外，还可从父亲的薪水中提取一半作为家庭的生活费用。而此时的约翰早已心力衰竭，酒瘾发作常常使他寻衅滋事，贝多芬不得不经常光顾警察局领回自己的父亲，并接受罚款。他替代父亲成了一家之主，责无旁贷地担负起了照料弟弟的生活和教育他们的重任。为了补贴家用，他不得不更多地担任职务，增加私人授课时间，工作之余还要操心处理家庭事务和关心两个弟弟的发展。后来，宫廷方面最终解除了约翰的职务。贝多芬也因为疲于应付各种杂务，劳累过度，患了几场重病。

在这几年当中，贝多芬一如既往地参与社交。布鲁宁一家对他的关怀，以及一个虽然不大、但对他友好相待的朋友圈子给他的生活增添了新的丰富多彩的色调，从而帮助他暂时将家庭的烦恼抛在脑后，使他感到生活依然很愉快。除此之外，音乐给了他更多的安慰，特立独行的贝多芬在20岁时，就以对音乐的独到见解而引人注目了，不论是演奏或是创作，都成为贝多芬强烈情感的不竭源泉，其音乐思想的独创性和演奏方式的新颖性让人们惊叹不已。随后，年轻的贝多芬随着宫廷乐队沿着莱茵河作了一系列的巡回演出。

当时的文艺评论家兼作曲家卡尔·路德维希·琼在一次音乐会后，特地写了一篇采访报道，并发表在1791年11月23日的《音乐杂志》上。他写道："我听了当今最伟大的钢琴家之一——

善良可亲的贝多芬的演奏……最令人感兴趣的是他的即兴演奏。我曾应他邀请，现场出一个主题给他弹奏。我认为他那亲切的、令人尊敬而充满热情的性格，源于他那深邃的思想。因此，我知道这个完美无缺的人会成为一个伟大的艺术家……我经常听他演奏，一个小时接一个小时地听下去，不厌其烦。我对他那令人惊异的技巧从未感到过失望，除了技巧以外，他还拥有卓越的智慧、伟大的思想和丰富的表达能力。乐队成员都非常钦佩他，只要他一演奏，大家都洗耳恭听。但是他很谦虚，丝毫没有狂傲之心……"

正当贝多芬醉心于音乐时，爱情也悄悄地降临在这个二十出头的男青年身上，贝多芬与自己的初恋不期而遇。美好的开始也成为贝多芬此生无尽的怀念，多年之后，当他回忆起这段经历时，依然充满甜蜜。

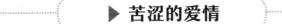

▶ 苦涩的爱情

布鲁宁夫人的女儿艾莱奥诺蕾小姐，是个比贝多芬小两岁、聪明活泼、人见人爱的女孩。因为有了之前那段执教的经历，她与贝多芬在少年时代有着十分深厚的友情，热情奔放的贝多芬爱上伶俐乖巧的艾莱奥诺蕾是一件很自然的事。贝多芬对佳人钟情已久，苦于没有机会开口吐露衷肠。后来命运弄人，艾莱奥诺蕾竟然嫁给了贝多芬的知心朋友维格勒医生。就这样，贝多芬的初恋在悄无声息中终结了。但是他们三人始终保持着纯洁的、恬静的友情。直到老年，他们三个人仍然情意深厚，格外动人。这样的情谊是弥足珍贵的。

事实上，贝多芬第一个真正的恋爱对象是艾莱奥诺蕾的朋

第二章 破茧化蝶

友——德霍恩拉斯。她家住在科隆，是布鲁宁家的常客。德霍恩拉斯有一头迷人的金发，肌肤雪白、十分美丽，性情非常活泼，爱开玩笑。让贝多芬最难以忘怀的是，她有一副美妙的歌喉，唱歌时总爱让贝多芬为她弹琴伴奏。与这样的女生朝夕相处，贝多芬怎能不燃起心中的爱火呢？

有一天，贝多芬专门为德霍恩拉斯谱写了一首歌曲，德霍恩拉斯试唱了一遍，非常适合她的声域，简直是天衣无缝。为此，德霍恩拉斯对贝多芬大为感激，两人关系更近一步，贝多芬也暗自高兴，满心以为姑娘也爱上了他。

然而，贝多芬似乎是高兴得太早了。没过几天，布鲁宁家里来了一位年轻的奥地利军官，他衣着考究、风度翩翩，使波恩的风流人物们都黯然失色。在布鲁宁家的音乐舞会上，千娇百媚的德霍恩拉斯小姐拉着出尽风头的军官向大家宣布："这位先生是我的未婚夫。"贝多芬听了，眼前一黑，几乎晕倒。不过，好在他与德霍恩拉斯相处的时日尚短，没有特别深厚的感情，所以很快就从这种悲愤情绪中解脱出来。

贝多芬的第二次恋爱同样不幸，这次他爱上的姑娘叫玛利亚，身材修长，美丽动人，出身于一个热爱音乐的家庭。玛利亚同样是一位千金小姐，她父亲是一位高贵的伯爵，对音乐有很高的鉴赏力，玛利亚的哥哥是个出色的笛子手，而玛利亚本人的钢琴也弹得十分出色。伯爵为了能够经常听到音乐，从他的仆人中挑选了一些人组成一个小型家庭乐队。在伯爵的盛情邀请下，贝多芬经常参加这个乐队的演出。

玛利亚很小的时候，贝多芬就见过她。那时她还依偎在父亲的怀里撒娇，带着羞怯的眼光看着周围的一切。几年之后，早熟的贝多芬带着一脸与年纪不符的沧桑来到伯爵家的客厅里，一阵寒暄之后，兴高采烈的伯爵高声呼唤爱女："玛利亚！出来吧，快见见你的老师。"

玛利亚的出现让贝多芬原本灰暗的生活变得一片光亮，他的

Beethoven

成长关键词

激情、顽强、博爱

所有烦恼都变得无足轻重了。他对父亲、兄弟变得和善，学习也更加勤奋。最使贝多芬感到欣慰的是，他感到玛利亚不像一般贵族小姐那样势利眼，完全是以艺术家的身份来尊重他，与他平等相待。一段美妙的时光从此开始了，这对贝多芬来说是从未体验过的感情激荡和幸福。

不过，贝多芬也有苦恼的时候，由于害羞的玛利亚始终与贝多芬保持着一段距离，这让他无法确定玛利亚是否对他心存爱意。

有一天，玛利亚告诉贝多芬，不久之后她们全家将去一个叫明斯特的地方小住数日，邀请贝多芬前去做客。

"我们衷心希望您能前往，那将是我们莫大的荣幸。"

玛利亚眨着她那美丽的眼睛，半开玩笑半认真地说，很明显，她的声音里充满了期待。这可真是天赐良机呀！贝多芬没有想到平日里羞答答的玛利亚竟然如此主动，粗犷的脸上显现出不好意思的神色，实际上，他的内心是多么激动啊！

随后，玛利亚又专门向贝多芬发了一封精致高雅的请帖，上面写着："您来吧，什么时候都可以。"

贝多芬收到之后喜出望外，捧着这张散发着优雅香气的请帖，读了一遍又一遍，然后大步走到钢琴前，弹了一首热烈奔放的奏鸣曲，以表达他此刻难以平静的心情。恰巧贝多芬在休假，于是他立刻马不停蹄地奔赴目的地了。

晚餐时来了许多客人，贝多芬很幸运地被安排在玛利亚身旁就座。客人们边吃边聊，席间欢声笑语不绝于耳。木讷的贝多芬却很少说话，只是默默地吃着，暗暗注视着玛利亚，她的每一个表情，每一个动作和每一句话都能让他怦然心动。

晚宴后，风雅的伯爵开了一个小型家庭音乐会，贝多芬理所当然地被邀请弹奏几曲。但是今天跟平时不一样，平时再熟悉不过的黑白键在此时对于贝多芬来说竟然有些陌生，他精神恍惚，难以把精力集中在演奏上。对于从 7 岁起就登台演奏的贝多芬来说，这样的情形可从来没有过。朦胧中，他感到玛利亚那双美丽的大眼睛似乎总是在注视着他,这让他浑身不自在,热汗不断涌出,一曲既罢,全身就已经湿透了。

天蒙蒙亮,贝多芬就醒了,他痴痴地站在窗前,眺望着渐渐升起的朝阳,内心充满了幸福的滋味。生活是多么美好啊,也许今天他的梦想就要实现了。他拿出一沓稿纸,在上面密密麻麻画满了音符,那是他昨晚创作的一首乐曲,是献给亲爱的玛利亚的,整首曲子就如同一朵蓓蕾初开的玫瑰一样散发着美丽纯洁的气息。

早餐桌边的玛利亚依然是一袭白裙,不同的是胸口处插了一支红色的玫瑰,一头长发盘在脑后越发显得娇艳动人。贝多芬只顾悄悄地欣赏着她的美貌,却没有察觉到此刻玛利亚脸上忧郁的神情。

早饭后,玛利亚邀请贝多芬去花园散步。两个年轻人肩并肩地走在绿色的草地上,头顶着蔚蓝的天空,远处山峦高耸入云,四周花坛里五彩缤纷,微风伴随着阵阵花香袭来,扑打在两个年轻人的脸上,让人心旷神怡。

他们在菩提树下的长椅上坐下,贝多芬热烈的目光始终没有离开玛利亚。一阵冲动涌上心头,他紧紧握住玛利亚的手,鼓起勇气向她倾诉了自己的真情。然而,玛利亚的反应并没有他想象得那样兴奋,而是扭过脸去,忧郁地看着远方。

"亲爱的贝多芬……我该怎么说呢……"

她欲言又止,在内心深处,玛利亚也很爱这个才华横溢、富有正义感的青年,正是如此,她才诚心邀请他来度假。可不幸的是,他毕竟只是一个乐队歌手的儿子,而她是伯爵的女儿,怎么能嫁给这样一个地位卑微的人呢?她纵然对他心怀情意,可她所受的教育告诉她,这是行不通的,即使自己同意,父母也是绝不会答应的,她犹豫再三,终于忍痛割爱,狠心扑灭这感情的火焰。她强忍着内心的痛苦,转过头来,低声但坚决地说:"我明白您的心意,可是,您要知道,我毕竟是我父母的女儿啊。"

说着，两颗晶莹的泪珠滴落在贝多芬的手上。贝多芬一下子觉得自己的血液凝固了，先前的热情顿时烟消云散。贝多芬几乎不敢相信自己的耳朵，他心中热情的火焰被扑灭了，这是真的吗？他问自己。他理解玛利亚的苦处，心里禁不住泛起一丝苦涩的味道。

玛利亚痛苦的表情清清楚楚地告诉贝多芬，现实就是这么残酷！他们的身份太悬殊了，这决定了他们不可能在一起，享受人人渴望的爱情。

▶ 走出阴霾的"乐圣"

贝多芬显然不是爱神的宠儿，他的爱情总是不那么顺心。身为一位贫寒的艺术家，他却总是爱上社会地位比他高的女人，这注定了他的爱情之路要比常人走得艰难、苦涩。

贝多芬的感情受到玛利亚的拒绝后，他觉得了无生趣。只要一看到为玛利亚所写的曲谱，心里就一阵酸楚。贝多芬坚信，玛利亚是爱他的，可惜造化弄人，有情人难成眷属，贝多芬不断地安慰自己。他决定回到故乡去养息，他要离开这个伤心之地，安抚被爱神的利刀割裂的创口。

他拿起那张曲谱，写上了一行字："献给维斯特霍尔特伯爵小姐，贝多芬。"同时留下一封信，然后悄无声息地离开了伯爵的别墅。在回波恩的旅途中，贝多芬的脑海里总是反复浮现出玛利亚那忧郁而无可奈何的表情。

回到波恩，布鲁宁一家人外出旅行去了。贝多芬只好回到自己的家里，独自吞咽单恋的苦果。在以后的一段时间里，痛苦一直折磨着贝多芬。他试图用工作来缓解内心的悲伤，于是整天躲在屋子里苦心创作，结果却适得其反，悲伤的阴影似乎更加重了。在百无聊赖中，他翻阅了歌德的小说《少年维特之烦恼》，书中的故事强烈地引起了他的共鸣。他望着窗外，想着小说中与自己同病相怜的维特，觉得自己除了像维特那样去自杀，实在没有别的出路。

7月里一个阴霾（mái）的下午，空气中没有一丝风。贝多芬的父亲清晨时才醉醺醺地从外边回来，此刻还在昏睡，而吵吵嚷嚷的弟弟们也令人头疼。贝多芬再也无法承受这种生命的重荷了，于是他来到莱茵河边，咬紧牙关，一步步地向水中走去。猛然间，他仿佛听到一个声音在呼唤他，那是神灵的声音，是艺术女神缪斯的召唤！

贝多芬立刻清醒过来。他在想：我来到人世，绝不仅仅是为了恋爱。我还有更重要的使命，那就是音乐！如果我碌碌无为地死去，怎么能证明我才华的出众和人格的高贵呢？他决定抛弃殉情而死的愚蠢的念头，用生命去谱写伟大的乐章，去创造更伟大的成就。他要让那些势利者低头承认，一个人的高贵并不在于出身，而是他的才智和成就！

想到这里，他大声吼道："不，永远不会！"在这一声怒吼发出的时候，他已经坚定了一个信念：绝不能为了一时的爱情，而舍弃自己的生命，更不能放弃自己的自由与尊严！不管怎样，生命与自由都是最宝贵的东西。贝多芬掉转头，坚定地向岸上走去。我们伟大的音乐家，经历了生死瞬间的考验，又重新燃起了对生活、对音乐的希望，否则后世将失去多少宝贵的音乐作品，我们将无法再领略大师的风采。

从失恋的痛苦中走出来的贝多芬，才华得到了更广泛地发挥，他拓展音乐活动舞台的愿望和进一步深造的要求也更强烈了。1791年的圣诞节，伟大的音乐家海顿来波恩访问。在专门为他举行的宴会上，贝多芬出现了。贝多芬出众的才华让他大为惊叹。在认真看完贝多芬的一些作品后，他更是赞叹不已，认为他是一

成长关键词 激情、顽强、博爱

Beethoven

个不可多得的音乐家。于是，他郑重邀请贝多芬前往维也纳跟随他学习音乐。

贝多芬对维也纳这座音乐之都的生活神往已久，现在有了海顿的许诺，加上选帝侯为他写给权威人士的推荐信，贝多芬自然不会错过这个毕生难得的机会。1792 年 11 月 2 日，贝多芬终于永远地告别了他的出生地波恩，直到他去世也没有回去过。

这标志着这位伟大作曲家的少年时代已经结束。从此，他的创作生涯进入了一个走向成熟、取得巨大成果的新的阶段。

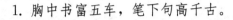

名人名言·才华

1. 胸中书富五车，笔下句高千古。

——〔明〕冯梦龙

2. 学者以识为主，以才为辅之。

——〔明〕许学夷

3. 意匠如神变化生，笔端有力任纵横。

——〔宋〕戴复古

4. 青年人首先要树雄心，立大志，其次就要决心为国家、人民做一个有用的人才；为此就要选择一个奋斗的目标来努力学习和实践。

——吴玉章

5. 天赋是埋藏在矿里的黄金，才能是挖掘矿藏的矿工。

——蔡 平

6. 不要把分数看重了，要把精力集中在培养训练分析问题的能力和解决问题的能力上。

——毛泽东

7. 才能是长期努力的报酬。

—— [法] 福楼拜

8. 聪明才智是拨动社会的杠杆。

—— [法] 巴尔扎克

9. 才能是在寂静中造就，而品格则是在世间汹涌波涛中形成。

—— [德] 歌 德

Beethoven

成长关键词

↓

激情、顽强、博爱

Beethoven

青春的躁动

友谊的基础在于两个人的心肠和灵魂有着最大的相似。

——［德］贝多芬

▶ 留学维也纳

离别时贝多芬的心中涌起一阵伤感，毕竟在波恩这座美丽的小城里，他度过了 22 个春秋，可以说这里的一草一木都刻上了他少年时代的回忆，是他今生都难以忘怀的。许多年后，他还不时向朋友们提起它。他曾经怀着无限眷恋的心情说："我的祖国，那个诞生我的美丽地方，至今还清晰地浮现在我面前。"

分手的一刻，朋友们与贝多芬依依不舍地道别，他们希望贝多芬能够坚持不懈，继承莫扎特的精神，成为又一个伟大的音乐家。贝多芬随身携带的一本留言纪念册写满了这些挚友亲笔签名的祝福。

其中，瓦尔德斯坦伯爵写道："亲爱的贝多芬，为了实现你多年来屡次受到阻挠的愿望，你现在就要向维也纳出发了。天才莫扎特，他的门徒至今为他的陨落而悲泣。而值得庆幸的是，你在海顿无穷无尽的智慧中找到了庇护所，我衷心地希望通过他，你能再次找到一个能与之结盟的人。通过你不懈的努力，继承莫扎特的精神。"

还有艾莱奥诺蕾·冯·布鲁宁，这位贝多芬的学生从赫尔德那里引用了几行诗句作为与他临别的赠言："友谊，是多么的可贵，升起时，就像黄昏的影子，直到生命之光的泯灭。"

这本纪念册对于贝多芬来说，意义非同寻常，他会永远怀念家乡，怀念他在波恩的所有朋友和同事，怀念他们对他的爱护和帮助，他至死都珍藏着这本纪念册。

从表面看来，贝多芬的创作成熟过程进行得相当缓慢。他在波恩 10 年（1782 年至 1792 年）内完成了将近 50 首作品，而作为音乐大师的莫扎特在他这个年龄（22 岁）已经写出了大约 300 首作品，并且其中有不少是像歌剧、交响曲、协奏曲这样的大型作品。相比之下，贝多芬的作品则大多数是些篇幅不大的钢琴曲，真正拿得出手的只有三部奏鸣曲、三部钢琴四重奏、两部清唱剧、一部小舞剧、一些重奏曲和一些歌曲。

在贝多芬的音乐历程中，波恩的准备时期具有重大的意义。贝多芬在不断克服各种负面因素的过程中扫清了前面的道路，形成自己清晰的音乐风格。可以说，贝多芬在器乐作品里所表现出来的那种内容比在其他音乐领域里所表现的内容要深刻完美得多。

总之，贝多芬的创作天赋在波恩时期就已经显露出来，这也奠定了他思想上和音乐上的基础和开端，后来他的一生都是以此作为根基的。

5 年前，他初到维也纳，仅仅为了一睹莫扎特的尊容，并且由于母亲的病情而匆匆返回波恩，使得那次旅行看起来好像昙花一现。这一次，迷人的维也纳把贝多芬长久地留了下来，也长久地留下了贝多芬的音乐灵魂。11 月中旬，贝多芬顺利抵达了维也纳。

维也纳是座历史名城，也是当时控制欧洲大部分地区的神圣罗马帝国的神经中枢。曾经有位作家把它比作"镶嵌在一个无比美丽的指环中央，被各式各样的珠宝环绕着的一颗巨大宝石"。这个比喻真是再贴切不过了！在维也纳的周围环绕着郁郁葱葱的树木和修剪整齐的花园，整个小城到处弥漫着森林和花园的芬芳。

不过，对于贝多芬来说这些东西都是次要的，吸引贝多芬来到这座城市的并不是它的豪华奢侈和悠然自得，而是它在音乐方面得天独厚的条件。当时世界上无论哪个城市都无法与维也纳在音乐上相媲美。虽然伦敦和巴黎有优秀的管弦乐队，科隆有著名的宗教音乐，布拉格和柏林以歌剧著称，德累斯顿和莱比锡的管风琴远近闻名，但它们依然无法与维也纳相比肩。因为这里居住着莫扎特、海顿等大音乐家，单凭这一点就可以让世上所有的音乐家顶礼膜拜。

这座城市中音乐无处不在，无论高雅还是低俗的消遣活动，都不会缺少音乐的成分。城市中心的每一个饭店，每一条街道，甚至在郊区的每一个

维也纳

路口，都能看到三三两两的人在那里演奏音乐，几乎维也纳的所有富人、平民和教堂都有自己所喜欢的音乐。海顿创作的《创世纪》，在首演之时聚集了四百多名音乐家，那宏伟的阵势让其他人望洋兴叹。

当时，贵族们为了继承历代皇帝的传统，几乎家家都有私人乐队。据说，有一个极为富有的侯爵家不仅拥有当时最好的管弦乐队，还聘用海顿达 30 年之久，而且能够上演意大利歌剧，这真的是前无古人。财力稍弱的贵族就召集佣人组成管弦乐队，即使不是非常富有的家族至少也会聘用风琴师、钢琴师或小提琴家。

许多贵族还有一个嗜好，那就是醉心于购买音乐作品，不仅莫扎特或海顿这样的大作曲家的作品会被珍藏，就连默默无闻的青年作曲家的作品，如果合乎胃口，也会被购买。贵族们喜欢将客厅向音乐家开放，任何一个有抱负有才华的作曲家在维也纳都可以受到一个或几个贵族的支持。

在这里，贝多芬终于明白了什么叫"天高任鸟飞"，他抖擞精神，准备凭自己的才华与汗水在这个音乐圣地干出点名堂来！

▶ "贝多芬只有一个"

  告别了家乡波恩这样一个被封锁的、狭隘内向的城市后，贝多芬怀着对音乐的满腔热情和梦想来到维也纳这个集竞争性、先进性和世界性于一身，同时声名远扬的欧洲音乐中心。因为此时贝多芬的知名度并不高，所以最初的日子也不像他想象得那么轻松。维也纳的生活消费水平很高，贝多芬交完杂费，手头的钱就所剩无几了。更为不幸的是，一个月后，贝多芬又接到父亲去世的消息，这对他现在的处境来说无异于雪上加霜。贝多芬在悲痛之余，更为自己和家里弟弟们的经济状况担忧，当时他还并不知道嗜酒的父亲早就把自己留给弟弟的钱花得一干二净了。

  贝多芬焦躁地在维也纳街头独自徘徊，不知如何是好。然而老天再一次眷顾了贝多芬，在他身无分文的时候，一位名叫里赫诺夫斯基的公爵来到了他身边。这位公爵酷爱音乐，早就听说过贝多芬的大名，于是通过别人介绍，立即把贝多芬从旅馆接到自己的家里住下，并且还下了一道特殊的命令，就是让自己的私人乐队从此以后听从贝多芬的安排。几年之后，正是这支私人乐队首演了贝多芬的成名作《英雄交响曲》。

  里赫诺夫斯基公爵有时甚至亲自演奏贝多芬的作品，不遗余力地向维也纳人宣传。在他了解到贝多芬的经济状况之后，决定每年付给这位青年艺术家 600 金币，这使贝多芬解除了后顾之忧，能够全身心地投入到音乐创作中去。

  当时，很多维也纳的达官贵人都很仰慕贝多芬，因此也都对他实行了特殊待遇。不过，在众多的"艺术保护者"们中间，最关心、最仰慕贝多芬的还是里赫诺夫斯基公爵和他的夫人，贝多芬曾经有两年的时间都是受这对公爵夫妇盛情款待的。他一直都住在他们的宫邸，直到 1794 年 10 月。在此期间，他作为公爵的客人，在这座宫邸里拥有好几间房子。

有一次，里赫诺夫斯基公爵邀请了一大批客人到自己的宅邸准备听贝多芬的即兴演奏，但是当贝多芬得知等待他出场的那些宾客中居然有许多是当时占领维也纳的拿破仑军队的军官时，他坚决不同意为这些法国军官演奏。就在这个时候，贝多芬那种鲜明的爱国立场和里赫诺夫斯基公爵的阿谀奉承形成了一种强烈的反差。贝多芬的处境也正是从这个时候发生了转变。当公爵由彬彬有礼的请求转变为自上而下的命令时，贝多芬愤怒了，他绝对不允许自己出卖尊严，他要坚守自己独立的意志，于是在满堂来宾的众目睽睽之下，昂首挺胸，扬长而去。回到自己的房间后，他把里赫诺夫斯基公爵送给他的半身胸像狠狠地摔在地板上，决定离开这个地方。这里已经不再是他的避难所，他转身拿起纸笔，给公爵写了一张便笺："公爵大人，您之所以成为您，是由于您的出身；我之所以成为我，是靠我自己。公爵现在多的是，将来也多的是。而贝多芬却只有一个。"

贝多芬就是这样明确而巧妙地向世人宣示了一条真理：天才优于出身，优于爵位。在贝多芬看来，艺术之所以称为艺术，是有另外一种深层含义的，它绝不是只为有钱人纵情享乐的一种工具。他曾说道："我的艺术应当只为穷苦的人创造欢乐。啊，那是多么幸福啊！当我接近这种境界时，我该多么快乐啊！"贝多芬深深感到自己与贵族社会格格不入，他们的生活习惯使他十分头疼。举个简单的例子，当时的贵族们每周的聚会有时多达三四次，人们也十分情愿把时间浪费在为这些聚会的穿衣打扮上，消耗在路途上，更令人无法接受的是这些聚会和消遣，单调、乏味，使人麻木，十分无聊空虚。

对于这些，贝多芬尤其不能忍受。有一次，他向朋友抱怨道：

"他们下午四点半就要吃饭，所以要求我每天下午 3 点半在家里穿上华丽的衣服，刮脸，洗漱，我实在受不了！"

更让他无法接受的是，有一次他去一位伯爵夫人家做客，惊讶地发现自己的位置被安排得比贵族低一等。他心中顿时升起一团无法抑制的怒火，圆睁双目，一言不发地站起来，愤然拂袖而去。那个时候，这种不公平在贝多芬看来，是对艺术家极大的不尊重，也是对人性自由的压抑。从此以后，他再也没有登过这位伯爵夫人的家门。

但是海顿等人在这一点上，与贝多芬就有着明显的不同。海顿每次赴宴时，都修饰得极为整齐。戴着假发，穿着闪闪发亮的靴子和新织的丝袜，举手投足之间都散发着一种绅士的风度，而贝多芬则往往衣冠不整，连动作都不太文雅，去了之后随随便便就坐在沙发上，与海顿等人比起来十分不协调。

与对待贵族的粗鲁的、轻蔑的态度截然不同，贝多芬对自己圈内的人和普通平民都是非常和蔼可亲、关怀备至的。因为对普通百姓的关心，贝多芬在写给小提琴家里斯的一封信中曾表示："当我还有一点点办法的时候，我都不应该看到我的任何一个朋友是贫困的。"他在写给魏格勒的信中又进一步表示："假如我看见一个朋友在生活上陷于窘境，而此时我的钱袋又不够帮助他的时候，假使我仅仅坐在书桌前，就可以顷刻之间便解决他的困难。……你瞧，这有多美妙啊！"不仅对待朋友是这样，贝多芬还像慈父一样地关心他的天才学生费迪南·里斯，对另外一位得意门生卡尔·车尔尼在音乐上的发展也给予了很多帮助。

▶ 年少轻狂的挚友

作品第 1 号出版以后，贝多芬又断断续续发表了其他一些作品，包括最初的十七首钢琴奏鸣曲、三首钢琴协奏曲（第 1 至第 3）、六首弦乐四重奏（作品第 18 号）以及其他几首钢琴三重奏等。

除发表作品外，为了充实自己的理论知识，钻研作曲技巧，贝多芬刚一到维也纳就开始跟随名声显赫的大作曲家、被誉为"交响乐之父"的约瑟夫·海顿学习。一开始他非常尊重这位老前辈，对他期望甚高，但后来由于一些原因，两人之间产生了分歧。

贝多芬不满意听老海顿教的课，几个星期以后，便开始暗地里到作曲家兼音乐教育家约翰·申克那里去听讲了。约翰·申克虽说不过是一位平凡的作曲家，但却是一位在作曲法这门学科中享有盛誉的教授。遗憾的是，这一次贝多芬还是没有在创作上与老师达成一致。申克略显陈腐而枯燥的教学方法让贝多芬感到厌倦。贝多芬曾毫不留情地嘲笑申克，说他是一个只会创作"骨头架子"的音乐家。申克也不甘示弱，回敬道："他过去没有学到什么东西，将来也学不到任何东西。"尽管两人之间并不愉快，课程还是继续了将近一年半。在申克的严格指导下，贝多芬潜心研究了许多音乐理论。申克教会了贝多芬学习对位法和一些作曲理论，这些课程贝多芬没有告诉海顿。贝多芬与海顿之间的师生之情没有持续很久，因为不久海顿就起程前往伦敦了。年少轻狂的贝多芬显然对海顿有些不以为然，甚至对别人说："我虽然受教于海顿，却一无所获。"

不过人们普遍认为，贝多芬从海顿身上学会了鉴别优劣，以及怎样用逻辑的方式安排音乐元素。这正是作曲家的全部诀窍所在。因此，海顿对贝多芬早期创作的影响是不可忽略的，随着年龄的增长，贝多芬渐渐体会到了恩师海顿的良苦用心，对这位老师越来越感激了。

虽然在艺术上，两人之间存在很大分歧，但在生活中，两人却始终是知心朋友。海顿这位老前辈亲密无间地对待这位从波恩来的年轻作曲家，当时曾有过师生共享一块巧克力与一杯咖啡的佳话。海顿纵然工作繁忙，但仍抽出一定时间关心贝多芬的生活起居和事业前途，他曾特地给波恩选帝侯写信，恳求他在经济上更多地资助贝多芬一家。他在信中毫不掩饰对贝多芬的偏爱："恕我冒昧地向阁下呈上我亲爱的学生贝多芬所作的几首作品，包括一首五重奏，一首八声部组曲，一首双簧管协奏曲，一套钢琴变奏曲和一首赋格曲，这一切是他刻苦钻研的结果。就凭这些作品，无论是专家还是业余爱好者，都会众口一词地承认，贝多芬总有一天会成为当代欧洲最伟大的音乐家，到那时我可以自豪地说，我是他的老师。现在我唯一希望的是他和我之间的师生关系能再延续一段时期。"

"当我说起贝多芬的时候，请允许我向尊敬的阁下再禀报一下有关他的经济情况。去年一年他仅仅领到 100 金币，这些钱仅作为生活费也会入不敷出。我深信，尊敬的阁下对此可以明察秋毫。但是，尊敬的阁下，对于派遣他进入上流社会，却给以区区之数的生活费，这美好的设想可能只是您的一厢情愿罢了。"

"根据这一设想，为了使他免于落入高利贷之手，我一面替他保证，一面为他支付欠款，因此他欠我不少金币，而这笔钱我敢保证说没有一分钱用于不当之地。现在我请求付给他这笔钱。不然的话，借债要付一定的利息，尤其是对像贝多芬这样一位艺术家更是一个负担。我考虑，如果选帝侯阁下来年能够多拨给他

1000金币，这不仅是阁下对他最大的恩惠，同时也免除了他的后顾之忧。作为教师，为他提出请求是我的责任，他参加这里的一切活动，生活上的开销是相当大的。对于两手空空的他来说，需要的钱数约近1000金币。当然，一个年轻人在进入上流社会时的铺张浪费是令人担忧的，为此我向尊敬的阁下担保，因为在无数次的接触中，我总发现他主动地为了艺术而不惜牺牲一切……"

一个月后，选帝侯给海顿回了信："你为年轻的贝多芬送来的音乐作品及你的信件均已收到。但是，这些作品除了一首赋格曲之外，其他都是他第二次访问维也纳以前在波恩所写的，并且都演出过，因此，我不能认为这些是他在维也纳取得了长足进步的作品。至于拨给他在维也纳的生活费用总数确实不过500金币，但除去这笔500金币以外，他在波恩这里的薪水400金币也一直支付给他，今年他已经接受了900金币的薪金。因此对于您所说的他在经济上拖欠如此之多，我非常难以理解。因此，我在考虑，他是否应回到这里重新工作。对他目前在作曲和音乐上已经取得了突破性的进步的说法，我是十分怀疑的，我担心他重蹈第一次旅行维也纳时的覆辙，即带回来的仅仅是欠债而不是其他。"

对于选帝侯的答复，海顿虽然嘴里不说，但心里很不高兴。几个月后，波恩方面停止了贝多芬的津贴，虽然他的职务还保留在选帝侯的花名册上。

随着岁月的流逝，两人之间的接触越来越多，海顿也越来越理解和赏识贝多芬。有一日，贝多芬听说大家要庆祝海顿的76岁诞辰而举办大型演奏会时，就把以往的误会丢在脑后，跑去要求参加："我一定要参加，让我来参加演出，好替老师祝寿。"

这天恰巧也是海顿的得意之作《创世纪》的首演之日。乐曲在宁静祥和的气氛中展开了。随着乐曲演奏的不断深入，那种汹涌澎湃的激情以及极富想象力的创作深深地打动了每一位听众，也包括贝多芬。一曲终了，大家报以热烈的掌声。贝多芬眼里含着泪花，走到恩师面前，虔诚地亲吻了老人的手掌和额头，诚恳地说："祝贺您，我的恩师，您再次让我明白了什么才叫音乐。"

艺术消除了两人之间本不应有的隔阂，海顿也终于理解了贝多芬在艺术上的大胆创新，一老一少之间的误会终于烟消云散了。

▶ 魔鬼的演奏

当时维也纳的音乐家们都认为贝多芬的即兴演奏是绝无仅有的。有一个深受维也纳贵族器重的钢琴家听说了贝多芬的即兴演奏后，不服气地说："让我来跟这位年轻人较量一番吧，我一定要战胜他。"

几天以后，他却灰心丧气地说："他简直不是人，他是**魔鬼**！他的即兴演奏已经达到了完美的地步，没有人能赶超！"

而与此同时，贝多芬新的钢琴演奏技法竞相被人模仿。他在1794 年 6 月给以前的学生、现在的好朋友艾莱奥诺蕾·冯·布鲁宁写了一封信，信中附有一首极为精妙的变奏曲，灵感源自莫扎特的歌剧《费加罗的婚礼》。他在信中对艾莱奥诺蕾说："这首变奏曲演奏起来相当难，特别是尾声中的颤音。但你千万不要被吓住或泄气。因为作品是刻意作了那样的安排，所以你只要弹奏颤音，其他音就可省略。这些音出现在钢琴部分与出现在提琴上是一样的效果。要不是我故意写了这样的作品，我也不会注意到有些维也纳人在一个晚上听到我的即兴演奏后，第二天便把我演奏中的一些特殊演奏风格模仿了去，并且洋洋得意地说是他们自己的杰作。"

这也从另一个侧面说明了当时的贝多芬是多么如日中天！

此时的贝多芬已完全长大成人，他身材仍然不高，而且其貌不扬，红红的脸上长满了斑点，一头浓密的头发总是蓬乱地遮住脸，显得有些阴郁，装束极不合时宜，常常遭到人们的嘲笑。他谈吐非常随便，丝毫看不出有什么与平常人不同的地方。

　　那时候的贝多芬仍然过着十分简朴的生活。他的学生，后来成为著名钢琴教育家的车尔尼第一次到他的住所拜访时，惊讶地发现，他的老师、著名音乐家贝多芬的居处竟然如此简陋和杂乱。他后来回忆道："那年冬天的一天，贝多芬接待了我们。他的屋里乱糟糟的，纸片和衣物摆得到处都是，有几个大衣箱，几乎没有家具，只有一架钢琴，前面放着一把破旧的椅子……"

　　在车尔尼看来，贝多芬最可贵之处是他从不矫揉造作，始终追逐着内心的真理，按照自己的意志生活。不管是对于自己的声望，还是别人的讥讽，他毫不在意，他对人说过："我从没有想过为出名而作曲，那是毫无意义的。重要的是我内心的感受，我必须把它们表达出来，否则我没有快乐可言。"

　　1794 年初这一段时间，贝多芬创作了大量的乐曲，其中包括一些三重奏、六重奏。

　　到维也纳两年半之后，贝多芬终于如愿以偿，有机会到他神往已久的贝格剧场演奏他自己的乐曲了。1795 年 3 月 25 日，"大音乐家联盟"在贝格剧院筹办了一场音乐家为孤儿寡妇举办的义演音乐会。这是贝多芬在维也纳的第一次公开演出。

　　贝多芬要举办音乐会的消息立刻在维也纳掀起了轩然大波，贝多芬一时间成为维也纳街谈巷议的人物。演出之时，听众挤满了剧院，大家兴高采烈地等待着这位天才的表演。在演奏中，贝多芬充分表现了自己与众不同的风格，将个性和激情天衣无缝地交织在一起，运用了多种变幻莫测的表现手法。他通过对踏板的巧妙使用和独创的演奏技巧，创造出了一种新的富有歌唱性的音色，达到了一种前人不敢想象的效果。

　　所有听众都被贝多芬演奏中蕴藏着的无所不在的天马行空、

气势磅礴和充沛的激情惊呆了，他们的灵魂深处激起了巨大的波澜。

"天呀，这简直是魔鬼在演奏！"

"我这一生都没听到如此出色的演奏，他是我见过的最出色的钢琴家。"

在此次演出中，有一首用原稿演奏的新写的《降B大调钢琴协奏曲》。这个作品，竟然是在预演前几小时内完成的。

演出之前，贝多芬满怀壮志地在演奏曲里写下这样一段文字："大师贝多芬自己创作的新钢琴协奏曲独奏会。"

演奏刚一结束，贝多芬获得了空前热烈的雷鸣般的掌声。观众们频频向这位天才致意。贝多芬给大家深鞠一躬，然后激动地说："在场的诸位，今天最使我感到高兴的，不仅仅是我个人演出所带来的成功和荣誉，而是我能够用艺术来为天下的贫苦人出一点力，为他们谋求幸福。这也是我多年以来的夙愿，很感谢大家对我的理解和支持。"

这一次的登台演奏是空前成功的。像贝多芬的这样充满魔力的钢琴演奏，观众们还是初次听到，大家听得如醉如痴，完全沉醉在美妙的钢琴声中。"这样的演奏真是妙不可言。你看那曲式多么和谐，那指头的感触多强！大家听得像是被卷进了热情的风暴中！"

"真的，我们的灵魂简直都被狂风卷得东倒西歪了！钢琴竟然能表现那么复杂的曲调，真是闻所未闻！"

这样三三两两的议论，不时从会场的各个角落里发出来。正如《维也纳杂志》所称赞的："著名的路德维希·凡·贝多芬先生博得了大众真心诚意的赞扬。"

第一次公开演出成功后，应观众的强烈要求，信心百倍的贝多芬又准备再举办两场音乐会。翌日，剧院举行了第二次义演。这次音乐会内容还是贝多芬的即兴演奏。贝多芬在这一领域有着长期而丰富的经验。不出所料，他再一次轻松地用他魔鬼般的演奏技巧证明了他所赢得的盛誉。

在3月25日和26日两次成功的演出之后，于当月的最后一天，贝多芬再次举行了计划中的第三次公开演出。这天晚上，贝多芬演奏了莫扎特的《D小调第二十钢琴协奏曲》，这是他非常钟爱的作品。以后他自己又忍不住为莫扎特的这部杰作添上了几个华彩乐段，成为这部协奏曲的另外一个版本。

通过这三场成功的音乐会，贝多芬在维也纳终于站稳了脚跟，从此他被维也纳的人们尊为"音乐大师"，这也是音乐家的最高荣誉。

5月，贝多芬与海顿和莫扎特作品的发行人、音乐出版商阿塔里亚签订了合同，规定自己的作品也由阿塔里亚音乐出版公司发行，贝多芬由此获得了一笔数额不小的版权费。

秋季，声名鹊起的贝多芬的演出活动越来越频繁。11月，他受"大音乐家联盟"之托，为年度假面舞会写了两套舞曲，看来社会需要他既是钢琴演奏家，又是作曲家。

11月8日，他与恩师海顿共同参加了一场音乐会，内容包括海顿在伦敦写的三首交响曲，而贝多芬则再次演出了他非常拿手的《降B大调第二钢琴协奏曲》。《第二钢琴协奏曲》完成于1794年，当时贝多芬仅仅24岁。这部《降B大调协奏曲》在风格上都比较接近他所推崇的莫扎特的音乐风格。在这部作品中，只要稍微留心便可以看出，贝多芬还没有摆脱18世纪古

海顿

典乐派传统的影响，这些影响压抑了他的个性，却使他显得成熟。

《降B大调协奏曲》有三个乐章。第一乐章是朝气蓬勃的快板，节奏明快、悦耳动听，仍遵循着莫扎特的协奏曲原则，先是乐队铺陈主题，紧接着再由钢琴奏出自己的副部主题，一直到乐队再度进入才开始正式奏出主题。第二乐章是柔板，低沉婉

转，以一曲深沉、宽广的旋律贯穿整个乐章。第三乐章是回旋曲，快板。钢琴与乐队在跳跃性的小回旋曲中反复交叉前进，最后乐曲结束在一个贝多芬招牌式的切分音叠句上。

同是音乐巨人，此时的海顿与贝多芬的关系已经亲密无间了。第二年的 1 月 8 日，师徒两人在另一场音乐会中再度合作，由海顿亲自担任指挥，贝多芬担任钢琴独奏。这两次成功的合作让师徒两人皆大欢喜。

▶ "我刚刚开始学习"

随着 1795 年决定性的胜利，成功之后的贝多芬并没有因此沾沾自喜而停止学习，反而加倍努力，贝多芬开始着眼于未来的事业。他已不再向约翰·申克、萨里埃利等人学习。出人意料的是，他突然恢复了对小提琴的学习，并且虚心向宫廷歌剧乐队首席小提琴手克鲁福尔茨讨教。贝多芬的小提琴拉得热烈狂野，可惜过于奔放，有时候音不太准确。他的学生里斯后来说："真不可思议……当他开始拉一个乐句时用错了指法，可是他竟然没有听出来。"

除了音乐创作外，他还阅读大量哲学和文学著作，当时一些重要的哲学家如康德、费希特，和许多大文豪如歌德、司各特、拜伦、雪莱、雨果和普希金的著作，他都仔细阅读过。为了能得到更多更好的书籍，他几乎走遍了维也纳的书店，仔细记录各种图书的价格。在他那简陋的家里堆满了藏书，有朋友拜访他时，常常看见贝多芬正捧着一本书，读得津津有味，甚至朋友走到他身边他都没有发现。他说过："判断一个人的能力，需要看他读过什么样的书，以及是否能通过阅读获得新的思想。"

第三章 青春的躁动

贝多芬一生都勤奋好学，直到去世前不久，他还对别人说："我刚刚开始学习！"

诚然，很少有人可以像他那样，在生命中自始至终都不断地工作和学习，如饥似渴，达到忘我的境界。

每年夏天，贝多芬总是喜欢到乡下去住。只要远离喧闹的人群，回到大自然的怀抱，他的才思才变得更加敏捷，灵感会喷涌而出。那时，他就如同一个孩童般欢快活泼。

有一次，贝多芬到乡下度假，简陋的四轮马车载着几个破旧的箱子和一大堆曲谱、书籍，在坑坑洼洼的羊肠小道上缓慢地行驶着。贝多芬徒步在后面跟着，兴高采烈的他时而打着节拍哼唱着优美的曲调，时而对着大自然的美景沉思不语。目的地到了，马车夫回头一看，贝多芬居然不见了！马车夫大惊失色，找遍了四周也没有看到贝多芬。无奈之下，只好坐在那里等了几个小时，直到暮色降临，才把东西卸在空地上离开了。

贝多芬在维也纳最初几年所过的生活是他一生中最美好的时光，勤奋努力的他终于得到了自己应有的回报。首演成功之后，他在维也纳的社会中已拥有一定的地位。在音乐上取得的巨大成功，使贝多芬接到了一个又一个邀请。频繁的巡回演出，出售作品所获得的版税，都给贝多芬带来了声誉上和经济上意想不到的好处。如同 1796 年他赴布拉格、莱比锡、柏林做巡回演出时写给弟弟的一封信中所提到的："我现在的情况不错，真的很好。我的艺术使我赢得了友谊和荣誉……获得的钱也相当可观。"

为了更好地进行音乐创作，他从里赫诺夫斯基公爵的宅第中搬了出来，自己在一个僻静的地方租了几间房，雇佣了一个男仆，还养了一匹马。一向简朴的他购置了一整套在当时被认为是非常时兴的豪华服装。他给贵族子弟上课，丝毫没有因为他们的贵族身份而另眼看待，如果学生没有才气，他就显得不耐烦。他交友甚广，既有音乐家，也有其他的艺术家、作家、著名演员等，甚至还有政府要员。冯·库保是当时奥地利政府的一名官

员，在他的日记中有这样的一段话："英雄作曲家身材不高，头发蓬乱竖立，经常不梳洗。他生有一张带着麻子的丑面孔，眼睛小而发光，身体内每块肌肉似乎都在不停地运动。任何人初次见到贝多芬，无不认为他是个歇斯底里、脾气暴躁和爱争吵的醉汉，看不出他有任何音乐天赋……另一方面，如果是熟知他的朋友，由于他已颇有声望和荣誉，因此在他丑陋的面孔上，通过每一个表情确实可以看到他的音乐天才……"

贝多芬在有了名声和地位以后，心里依然惦记着远在家乡的弟弟。为了更好地尽到做兄长的责任，他写了一封信给两个弟弟，希望两个弟弟能来维也纳和他共同生活。一个月后，贝多芬的两个弟弟就从波恩赶到了维也纳。

想念弟弟的贝多芬，一看到两个亲爱的弟弟就忘了一切，当着别人的面和弟弟们拥抱起来。不等两个弟弟歇口气，思乡已久的他便不住地询问起故乡波恩的情况。看到现在风光满面的贝多芬，同样想成为音乐家的卡尔说："大哥，看样子你好像很受人欢迎呢！一位先生写信到布鲁宁家去时，曾提到过你，他说你在贝格剧场举行的演奏会非常成功，是不是?"

"那不过才开始尝试而已，我需要更努力才行。"贝多芬回答说。然后他又问两个弟弟的音乐学习情况。

卡尔难为情地说："在波恩那样的小地方我实在没有办法学得更好。你也知道，我现在学到的东西不多，实在没有办法比得上你。"

另一个弟弟约翰则满不在乎地说："我对音乐实在没有兴趣，我现在唯一感兴趣的是赚钱，我要赚很多很多钱。"

对两个弟弟的回答，贝多芬难免有一些失望。不过，血浓于水，让弟弟快快乐乐生活才是最重要的。贝多芬暗忖："再也不能让他们遭受我受过的那些苦了，一定要让他们过上安稳日子。"

贝多芬思索良久，终于想出了一个妥善的办法："卡尔还是继续研究作曲和钢琴吧！我会帮你找好老师的。至于约翰，你还是先去学校去读书，我想从学校得到一纸证书，对你将来赚钱非常有用。我倒是希望你所想的不仅仅是赚钱。"

这一年，贝多芬在享受兄弟亲情的同时，还收到了一份特殊的礼物：维也纳著名钢琴制造商斯托里切尔特意把一架为他定做的新钢琴赠给了贝多芬，以表示他对贝多芬的尊敬和崇拜。

▶ 爱的憧憬与幻灭

1797 年是贝多芬丰收的一年。年初时，贝多芬出版了他的两首《大提琴与钢琴奏鸣曲》。这两部作品他曾在前一年为普鲁士国王威廉二世演奏过，由于精彩的演奏，他得到了一个通常是外国大使才能得到的金鼻烟盒。同年 10 月，他完成了《古钢琴与钢琴的奏鸣曲》，这是一首兼有古典风格和创新意义的进步的作品。他把这首作品献给了心爱的女伯爵克基维斯。他曾经给她上过钢琴课，并对她产生了深深的恋情。关于贝多芬与这位女伯爵的浪漫史有过许多传闻，他曾把大量的作品奉献给她，其中包括著名的《C 大调第一钢琴协奏曲》。

在 1797 年 4 月的音乐会上，贝多芬演奏了自己的大作《降 E 大调钢琴与管乐五重奏》。这部作品实际上是在莫扎特的《降 E 大调钢琴与管乐五重奏》的基础上翻版而来的。他把这首乐曲献给了他初到维也纳时的一位慷慨赞助过他的斯切瓦岑贝格亲王。音乐会上还上演了一首新创的咏叹调，由他的另一个女伴玛格达莱娜演唱。

玛格达莱娜天生丽质，是一个颇有魅力的女高音歌唱家，出身波兰的一个音乐世家。她自 1790 年起便开始在波恩登台献艺，贝多芬与她正是在那时认识的。随着两人接触的日渐增多，贝多芬对玛格达莱娜心生爱慕，并且向这位美貌的、婀娜多姿的还有一副甜美柔和的金嗓子的女子求婚。但玛格达莱娜委婉地拒绝了，理由是贝多芬那其貌不扬的长相和神经质的行为举止。

来到维也纳之后，身在他乡的贝多芬无比寂寞，他渴望得到一份属于自己的爱情来填补心灵的空白。所以贝多芬经常呼喊："爱情，对，只有爱情才能使我幸福！"

他一生都在追求他所爱慕的女性，在他周围的美丽女性那么多，但他一生没有遇到一位真爱。形影相伴的贝多芬曾感慨地说："独身的日子，仅仅是人生的一半。"

所以，他在孤独痛苦的时候，总是向上天祈祷："神明啊，请让我发现可以引导我走上光明之路的女性，能确确实实让我拥有的女性吧！"

贝多芬手稿

1799 年，贝多芬客居维也纳七年之后，两位贵族小姐几乎同时出现在了他的生活中，他的命运也因此充满了浪漫色彩。

匈牙利有一个古老而有权势的大家族——冯·布隆思维克家族。在 18 世纪末的时候，身为家族之长的布隆思维克伯爵很有艺术修养。他热爱音乐，支持资产阶级革命。他膝下有四个孩子，其中三个女儿、一个儿子。不幸的是布隆思维克伯爵身体并不好，英年早逝。在他去世后不久，坚强的母亲便带着四个孩子来到了维也纳。贝多芬见到这一家人时，大女儿特蕾莎24岁，弟弟弗兰茨22岁，大妹妹约瑟芬20岁，小妹妹夏洛特17岁。贝多芬作为伯爵夫人特地请来的家庭教师，教授特蕾莎和约瑟芬钢琴。

以后贝多芬一有机会便造访他们在维也纳的庄园，并得到特蕾莎所谓"我们由杰出人物组成的社会共和国"的接纳。正是这种志同道合，使贝多芬和特蕾莎越来越亲密。贝多芬欣赏特蕾莎的高雅迷人，特蕾莎在精神上给了贝多芬鼓励。几乎是同时，年轻而更加娇艳迷人的约瑟芬也与贝多芬之间产生了朦胧的恋情。

两姐妹同时爱上了贝多芬，贝多芬也非常爱这两姐妹。何去何从，对于贝多芬来讲真的是一个难题。在左右摇摆之间，三个人纠缠不清的恋情最终没有一个完满的结果。

贝多芬虽然因为这一对热情的姐妹而失恋了，却给我们人类文化宝库留下了一件珍贵的赠品——《月光奏鸣曲》。一百多年来，关于这首曲子的传说数不胜数，这些多是人们杜撰出来的美妙故事。有人说此曲与两姐妹有关，也有人认定此曲是写给贝多芬后来的恋人琪夏尔蒂的。其中，贝多芬散步归来在月光底下即兴演奏的说法最为动人。

《月光曲》完成于1801年，正是贝多芬与特蕾莎、约瑟芬恋情依依的时期。这段时间，多情的贝多芬与他的恋人在花前月下谈情说爱是理所当然的。该曲之所以被称为《月光奏鸣曲》，是由于一位德国诗人把该曲的第一乐章比作瑞士琉森湖上皎洁的月亮而得名的。

特蕾莎和她的弟弟弗兰茨全都终身未婚，他俩与贝多芬的亲密关系保持了一生。弗兰茨待贝多芬就如同自家亲人一样，贝多芬许多曲子就是在弗兰茨美丽的庄园里完成的。在以后的日子里，贝多芬只要见到夏洛特就请她代为向特蕾莎致意问候，特蕾莎也始终关心这位艺术家恋人。只可惜，成年之后的两人再难以互相敞开心扉一诉衷肠，最后两人都没有找到属于自己的另一半。

由此看来，造物主从不会创造一个十全十美的人，在一方面慷慨大方地给予某人天赋，在另一方面却苛刻吝啬。上帝赋予了贝多芬盖世无双的音乐才华和正直善良的心灵，却没有给予他吸引女性的外表，这确实是贝多芬人生的一大遗憾。只不过他的个人悲剧并没有对他的艺术生涯产生损害，相反，对爱的渴望成为他生发音乐灵感绵绵不绝的源泉。他正在从一个从小受着呆板的传统音乐教育、被传统的创作观念及手法束缚住手脚的旧艺术家迅速而彻底地转变成为新艺术的创造者。他大量吸收前人音乐文化中的一切精华，并结合自己的智慧和技巧，使之成为一种崭新的贝多芬式的音乐形式。因此，在这一阶段，"贝多芬风格"的特征已趋于成熟和明显，这预示着不久将以《第三交响曲》——《英雄交响曲》为代表的创作高峰的到来。

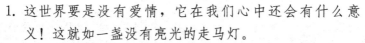

名人名言·爱情

1. 这世界要是没有爱情，它在我们心中还会有什么意义！这就如一盏没有亮光的走马灯。

　　　　　　　　　　　　——［德］歌　德

2. 就是神，在爱情中也难保持聪明。

　　　　　　　　　　　　——［英］培　根

3. 真正的爱情能够鼓舞人，唤醒他内心沉睡着的力量和潜藏着的才能。

　　　　　　　　　　——［意大利］薄伽丘

4. 爱情和智慧，二者不可兼得。

　　　　　　　　　　　　——［英］培　根

5. 不太热烈的爱情才会维持久远。

　　　　　　　　　　　——［英］莎士比亚

6. 爱是一种甜蜜的痛苦，真诚的爱情永不是走一条平坦的道路的。

　　　　　　　　　　　——［英］莎士比亚

7. 爱情里面要是搀杂了和它本身无关的算计，那就不是真的爱情。

　　　　　　　　　　　——［英］莎士比亚

8. 女人是用耳朵恋爱的，而男人如果会产生爱情的话，却是用眼睛来恋爱。

　　　　　　　　　　　——［英］莎士比亚

9. 不要指着月亮起誓，它是变化无常的，每个月都盈亏圆缺；你要是指着它起誓，也许你的爱情也像它一样的无常。

　　　　　　　　　　　——［英］莎士比亚

成长关键词

↓

激情、顽强、博爱

Beethoven

61

Beethoven

征服命运的契机

真正的友谊，只能基于相近性情的
结合。

——［德］贝多芬

▶ 失去了声音的世界

那是一个冬日的清晨，贝多芬像往常一样，早早地起床准备去外面散步。他刚要出门，忽然听见了一种低沉的嗡嗡声，好像是风声从耳边吹过一样。他推开门，却见外面天空蔚蓝，四周一派宁和的景象。这到底是怎么回事？是什么声音呢？他惊慌失措地跑了出去，想找出这声音究竟是从哪儿发出来的。可是，外面什么事情也没有发生。就像笼中的困兽一样，贝多芬在门前乱转着，他拼命地用手捂住耳朵，可是那声音仍在不停地响着，奇怪极了。

"怎么了，我这是怎么啦？"贝多芬慌了。他烦躁地抱着头，冲进了房里，迫不及待地坐在钢琴前，努力镇定了一下自己的情绪，开始弹自己刚刚写了一半的《G大调钢琴奏鸣曲》。可是他听不到低音，就是高音也听不大清楚。"我的耳朵，我的耳朵！"贝多芬发狂一般跑到了维也纳著名医生弗兰克先生开设的诊所里。"先生，不要紧，你可能是得了感冒，再加上体虚。我想，杏仁油对你的耳疾可能会有疗效，每天滴四次，用不了两个星期，耳鸣就会消失的。另外，我再给你开一些补药，你要按时吃，放心吧，一切都会过去的。"弗兰克医生的诊断，使得贝多芬松了一口气。他相信这位医生的医术，也相信自己的病不久以后便会痊愈。

回到家里后，贝多芬立即往耳朵里滴了些杏仁油，感觉似乎好了一些，并且能够模模糊糊地听见窗外的鸟叫，贝多芬的心中不禁充满了喜悦。

　　然而过了几天，情况又开始变坏了，那种惹人心烦的、恐怖的嗡嗡声，重新回到贝多芬的耳朵里。难道是弗兰克医生的诊断有误吗？于是，贝多芬又找到了弗兰克医生，请他再仔细检查一下。可是弗兰克医生依然认为耳鸣是由于过度疲劳造成的。他安慰了贝多芬一番，又给他开了些药后，便结束了诊治。

　　时好时坏的听觉，残酷地折磨着贝多芬，也使得他的情绪变得反复无常起来。有的时候，早晨刚起床，贝多芬感到耳朵很舒服，没有出现那嗡嗡的轰鸣声，就会伸手抓过床头的茶杯，用手指弹着它。听着杯子发出清脆的声音，贝多芬会欣慰地笑笑，觉得自己的听力也许就要好转了，还和从前一样。

　　冬去春来，大自然的万物都渐渐地从沉睡中苏醒过来。而此时，贝多芬的耳中却是一片死寂，这使得他陷入了从未有过的痛苦之中。从此，贝多芬变得很少出门，如果没有什么至关重要的事情和约会，就连平时最要好的朋友他也很少去拜访。他整日把自己关在房间里，把自己深深地埋在孤独和痛苦之中。最后，贝多芬又不得不到弗兰克先生的诊所里去。弗兰克经过仔细诊断后大惊失色，他睁大眼睛注视着贝多芬，就像是第一次认识他一样。

　　"贝多芬先生，您是一个才华出众的勇敢的音乐家，对于勇敢的人我应该诚实地告诉您，不该隐瞒任何有关您病情的事情。"看着弗兰克医生那一开一合的嘴，贝多芬疑惑地皱起了眉头，原来他根本就听不见弗兰克医生在说些什么。无奈的弗兰克医生只好取来纸笔准备将这番话写下来给贝多芬看。

　　一种不祥的预感涌上了贝多芬的心头，他不禁发起抖来。但是很快他就努力克制住了自己的失态，对弗兰克医生轻轻地点了点头："请说吧，我亲爱的弗兰克先生，这到底是怎么回事？"

　　于是弗兰克医生又在纸上写道："贝多芬先生，非常遗憾地告诉您，您得了一种遗传性的耳炎，药物恐怕已经无法治疗。可以说你聋了，你正在逐渐丧失听力。"

"啊！什么？"贝多芬惊叫了一声，从椅子上摔倒在地上。"我要聋了？"贝多芬睁大了眼睛。尽管在心理上他早已经有了准备，但是看到这个诊断的结果后，他还是受到了巨大的打击。

"是的，真的是很遗憾。"弗兰克医生摊开了双手，露出了无可奈何的神态。

贝多芬的精神在这一瞬间几乎完全崩溃了。耳聋，这对一个音乐家来说就意味着死亡。不，这简直比死亡还可怕！他再也听不见音乐，再也不能弹钢琴了，这等于毁掉了他全部的艺术生命。

回到家中，贝多芬呆呆地坐在钢琴边，心中充满了无比巨大的痛苦。他从桌上抓起《G 大调钢琴奏鸣曲》的谱子，在琴键上弹了几下，美妙的音乐声真的不见了，只有那沙沙声在连续不断地敲打着他那沉闷死寂的听觉。贝多芬声嘶力竭地高喊道："主啊，完啦！我贝多芬一切都完啦！我应该怎么办？"

成长关键词

激情、顽强、博爱

▶ 与死神擦肩而过

现实的确是残酷的，音乐天才即将面临艺术生命的终结，面临将被挤出音乐舞台的惨境。贝多芬忍受不了这突如其来的灾难，他从柜子里拿出一把手枪，装上子弹后把枪口对准自己的太阳穴……原本经历了上一次的磨难、早已对死亡无惧的贝多芬又一次决定了结生命。寂静中，他听到了自己的一颗心还在跳动，他想到了慈祥的母亲、内弗先生、艾莱奥诺蕾小姐等人，他们是否会同意自己的这种选择？于是，他放下了手枪，放弃了刚才荒唐的想法，冲着半空中用力地挥了挥拳头，坚定地高声叫道："不，我不能这么做。我要勇敢地活下去。"

贝多芬回转身子重新坐回到琴凳上，抓起笔和纸，在空白的乐谱上急速地写起来。写呀，写呀，一直写到深夜。他一气呵成，完成了《第十号钢琴奏鸣曲》，这才长长地舒了一口气。然后，他通读了一遍曲谱，坐在钢琴前兴致勃勃地弹了起来。虽然他听不见琴音，但是他看着乐谱，看着琴键的跳动，凭着想象力，神话般地听见了一连串美妙悦耳的音符。这一切弥合了他那颗破碎的心，增强了他继续活下去的勇气。

在短短四五年的时间里，贝多芬顽强地与命运抗争，写下了数十首乐曲。其中包括著名的《第一交响曲》《第二交响曲》《第一钢琴协奏曲》《第二钢琴协奏曲》以及钢琴奏鸣曲《悲怆》《月光》和《田园》，等等。尽管他是孤独寂寞的，但是那永不衰竭的创作冲动，使他沉浸在舒适、安详和肃穆的气氛之中。

但是，耳聋已是不可更改的事实，无论创作给贝多芬带来多少欢乐，他也不可能忘记自己的病情，没有人能够体会这几年贝多芬内心深处隐藏着的巨大痛苦。没有耳疾的折磨，我们的音乐家也许会做得更好，我们在为这位顽强的音乐家叫好的同时，也不得不哀婉他的不幸！一个渴望为人类奉献的音乐家，在他年富力强、才思敏锐的年华就双耳失聪，从此只能隐遁于万籁寂静的内心生活中，和外界以及一切声音隔绝，再不能从他的精神支柱——音乐中去探索艺术的天堂。这种打击是可怕的！

令人庆幸的是，在首部交响乐取得了巨大成功的同时，沉浸在成功的喜悦中的贝多芬又与属于自己的一段恋情邂逅了。"没有爱情，谁能活在这个世界上呢？"这是贝多芬发自肺腑的一句自白。而爱情与贝多芬距离最近的一次就是1801年的这次。

在1801年6月29日贝多芬写给好友的一封信中，他第一次向外人提到了这件事："我的生活又重新愉快起来，我也愿意与人们更多地接触了。你无法想象我两年来过的是何等孤独与悲凉的生活。可恶的疾病到处阻碍着我，就好像一个幽灵一般。而我也在躲避着人群。别人一定以为我这是对别人抱有成见，其实并非如此。如今这种情况发生了变化，这变化是因为一个可爱的姑娘的魅力促成的。她爱我，我也爱她。这是两年来我遇到的幸福的日子，这美好的时光让我刻骨铭心。我第一次觉得婚姻能给人幸福。遗憾的是，她的情况和我不同。说句老实话，现在我还没有打算结婚，还得勇敢地挣扎一下才行……"

贝多芬提到的这个可爱的姑娘是谁呢？她身上究竟有何种魅力让病痛中的贝多芬如此着迷，为他带来巨大的心理安慰呢？

成长关键词

激情、顽强、博爱

▶ 用爱谱写"月光"的神话

这位绝色佳人就是琪夏尔蒂。她的爱情对贝多芬同时具有拯救和毁灭的两种力量。

琪夏尔蒂（1784—1856 年）是一位婀娜秀丽的意大利女高音歌唱家。她出身高贵，比贝多芬小 14 岁，当时芳龄 16 岁，正值花季。这位迷人的妙龄少女是在 1800 年的 4 月间，在冯·布隆思维克伯爵家中与贝多芬邂逅的。当时贝多芬是冯·布隆思维克的两个女儿——约瑟芬和特蕾莎的钢琴教师，而琪夏尔蒂与约瑟芬和特蕾莎是表姐妹的亲戚关系。我们之前提到过，多情的贝多芬与冯·布隆思维克的两个女儿有过一段美好的感情，虽然这纠缠不清的三人最终没有能够结合，但三人间的友谊却伴随了他们的一生。在与两姐妹恋爱的同时，贝多芬还爱上了她俩美丽的小表妹琪夏尔蒂。

天生敏感的贝多芬对年轻的琪夏尔蒂可谓是一见钟情。当这位漂亮迷人、有着一对水灵灵的大眼睛和高挑身段的贵族小

姐，含情脉脉地伸出她那洁白纤细的玉手与他握手的时候，贝多芬竟然激动得连话也说不出来了，当时的他已经入迷了，完全被这个漂亮的女孩迷住了。热血沸腾的贝多芬事后感叹说，他要爱就爱这样美貌的女性，否则还不如爱他自己。

贝多芬试图接近琪夏尔蒂，开始教她弹钢琴。出于对贝多芬的天分的仰慕，琪夏尔蒂对眼前这个其貌不扬、不拘小节却充满激情的钢琴家也产生了好感。最初的一段时间里，两人花前月下、两情相悦，非常热烈而真挚地相爱着。

关于这段爱情，后世流传着一个非常浪漫动人的故事。据传，贝多芬的名作《月光奏鸣曲》最初的灵感正是来自于这位天生丽质的美人，是他特意为琪夏尔蒂而作的。某天，当心血来潮的贝多芬刚刚谱写完一首乐曲之后，他激动万分，立刻跑到琪夏尔蒂面前。见到心上人，贝多芬难掩心中的兴奋，他大喊："琪莲泰（'琪莲泰'是贝多芬对琪夏尔蒂的爱称），我为你写了一篇非常好的乐曲。"贝多芬像着了魔一样，马上坐到钢琴边去，动情地弹起他的那首刚刚谱成的新乐曲。

"能听懂吗，琪夏尔蒂?"贝多芬热切地追问。

琪夏尔蒂感觉地像处在一个无边际的梦境之中，她把颤抖的手搁在贝多芬的肩膀上："啊！这是一首多么幽雅而美妙的曲子啊。第一乐章，使人听了，立刻会想到那浮动在湖面上的月亮的倒影；第二乐章，真像在月光下看仙子翩翩起舞；而第三乐章，却使人感到有一种将被大风暴卷住的热情。谢谢你，贝多芬，我一定要努力学会这首曲子。"

"噢，琪夏尔蒂，你比世界上的任何人都要明白我的心思！我的辛苦总算没有白费，同时，我的爱……"

"贝多芬，我爱你!"

琪夏尔蒂动情地投入贝多芬的怀抱里。而贝多芬呢，他激动得差点晕倒。他再也想象不出世界上还有什么幸福比得上他此时

第四章　征服命运的契机

的幸福。他认定了，琪夏尔蒂就是他梦中的天使，就是他美丽的新娘。

然而，事情并不像他们想象得那样简单。爱是一回事，婚姻却是另一回事。同之前的经历相仿，贵族出身的琪夏尔蒂小姐和平民出身的贝多芬之间始终存在一层隔阂，两人无法跨越这道不可逾越的鸿沟。在贵族的观念中，与平民结婚是一件极不光彩的事情，传出去有辱家风。好景不长，这对恋人炽热的爱情如同昙花一现彻底消逝了，两人之间摩擦不断。而琪夏尔蒂日常生活习惯和自私的天性，更加速了他们两人关系的破裂。最终，这位贵族小姐嫁给了一位属于她那个阶层的伯爵，然后，他们去了意大利。

贝多芬曾经说"没有爱情，谁能够活在这世上"，对于把爱情当作生命中最为宝贵的东西的贝多芬来讲，这个创伤，也许永远都无法从心头抹去了。

1821年的时候，琪夏尔蒂又回到了维也纳。此时的她无比憔悴，她的丈夫好赌成性，在外面惹是生非，终于不可收拾。走投无路之时，她也许是想利用贝多芬过去的感情，要他帮助她的丈夫。贝多芬想都没想，一口答应了。贝多芬对好友魏格勒解释他这么做的原因时说："他是我的情敌，所以我更要尽力帮助他。"对于时隔若干年后琪夏尔蒂又来向他求助，贝多芬虽然伸出援助之手，但对她很冷淡，而且流露出轻视她的态度。他对魏格勒说："她来到维也纳找我，还一边哭着，可是我已经瞧不起她了。"

贝多芬与琪夏尔蒂这段只开花不结果的爱情，给后人留下的唯一的纪念就是贝多芬献给琪夏尔蒂的礼物——著名的《月光奏鸣曲》。在这部钢琴奏鸣曲中贝多芬寄托了自己对这位可爱迷人的琪夏尔蒂的绵绵情思。后世的人们对这首优美动听的乐曲又产生了许多浪漫的遐想，不同版本的故事在大众中广为流传。其中有一种说法极为凄美动人，传说有一天贝多芬站在月光笼罩的窗

成长关键词
激情、顽强、博爱

前，聆听一位双目失明的少女弹琴，从而激发了他的音乐灵感，谱成了这首乐曲，并亲手演奏给贫苦的盲女孩听。而实际上，这些传说都不足为信，是杜撰出来的、毫无事实根据的故事。

《升C小调奏鸣曲》本是一部无标题音乐，只是由于德国著名诗人海因里希·雷尔斯塔布在聆听到这部作品之后大为赞叹，把它的第一乐章——慢板比作瑞士琉森湖上的月光而得名，《月光》的标题由此广为流传。也许雷尔斯塔布这个著名的比喻实际上也只是对乐曲某一部分的误解罢了。

这首《升C小调奏鸣曲》非常接近于贝多芬的创作成熟期的作品。如同他的大部分杰作一样，这部作品展开了贝多芬隐秘的心灵世界，触及到了灵魂的最深处。而且，在克服作品思想内涵的狭隘性，涉及人生更广泛的问题方面，贝多芬在这一时期创作的作品已经开始有了比前期作品明显的进步。当然，《升C小调奏鸣曲》还没有尽善尽美，距离真正的成熟期作品还有一定差距，内心的斗争还没有像成熟期的作品那样以乐观的情绪来加以化解，这种化解方式是在他后来的交响曲里才明显地表现出来的。不过，在这部奏鸣曲的三个乐章中，贝多芬的内心之海从风平浪静转为波涛汹涌；从深深的悲哀转向烈火般的抗议；从抒情的、形而上学的思考转向斗争，转向行动。

乐曲的第一乐章是慢板，三部曲式，深刻地表现了难以宣泄的悲哀。这里有冥想的柔情、悲伤的倾诉，也有克制着的冲动和不祥的预感。虽然伴奏、主题和力度无明显改变，但仍通过和声、音压、节奏的变化，在细微之处表现了作者心弦的波动。第二乐章是小快板，复三部曲式，采用小步舞曲的形式。贯穿第二章始终的是优雅轻盈的音调，与第一乐章的情感形成对照，好像是不经意间留下的若有若无的微笑。第三乐章是节奏较快、略显激动的快板，奏鸣曲式。虽然在音调上第一主题与第二乐章有紧密联系，但表达的感情则大相径庭。第一主题是热情不可遏制的沸腾

有"乐圣"之称的德国天才音乐家

和爆发，犹如激烈的雷霆。第二主题像是在你耳旁的窃窃私语。结束部分中连续八分音符斩钉截铁般的节奏，表现了内心狂风暴雨般的冲动和坚强的意志。经过短短的展开部分后，内心的激动表现得更为强烈。在尾声中，沸腾的热情爆发之时，突然沉寂下来，但听众汹涌澎湃的心潮不可能就此平静，仍然在动荡之中。

这首奏鸣曲是贝多芬所有钢琴奏鸣曲中最广为人知、最受欢迎的一首。这部伟大的作品至今仍然是各种公众场合以及各家音乐出版公司最常上演和录制发行的热门曲目之一。它肯定了人的意志力量，坚信意志能够控制感情和欲望，并向世人深深表露了作者孤独但坚强的内心。

成长关键词

↓

激情、顽强、博爱

▶ 被命运扼住了咽喉

在这孤独的日子里，除了埋头创作外，贝多芬阅读了大量书籍。特别是古希腊传记作家普鲁塔克所写的那些古希腊罗马统帅和政治家们的精彩传记，让他受益匪浅。这些古代的政治家和统帅，完全凭借自己为公众利益建立的功勋而获得贵族的称号。他们成了贝多芬心中的楷模，他们的情操、他们的古典美德，都被他视为最高典范。

一些细心的人还是渐渐注意到了贝多芬生活中所发生的变化。那就是每当贝多芬到剧院里指导排练的时候，总要紧挨着乐队坐着。因为只有这样，他才能够听清演员的台词。假如坐得稍远一点儿，乐器和歌声中的低音他便听不见了。有些令人奇怪的是，在和别人交谈时，大多数人竟然从未发现贝多芬的听觉有什么异常之处，因为在他们的印象中，贝多芬在听对方讲话的时候总是流露出一副心不在焉的样子，有时他也勉强能听到别人柔声

说话，可只能听到声音，却听不清字句。

1802 年的夏天是贝多芬的艰难困苦达到顶点的时候。他早已对病痛的折磨习以为常，但他脆弱的情感却几乎承受不了再次的沉重打击。他所迷恋的朱丽叶塔·琪夏尔蒂小姐离他而去，宣布与加仑堡伯爵订婚。琪夏尔蒂小姐的父亲，那个固执的老头认为贝多芬一无地位，二无财产，因此他断定这个写"小曲"的音乐家在婚姻问题上是没有优越性的。正是这种断言拆散了贝多芬与琪夏尔蒂的结合。这件事把贝多芬重新推进绝望的深渊。贝多芬几乎闭门不出，断绝了和别人的一切来往。

对贝多芬来说，这是一个多么可怕的日子！

后来的几天里，贝多芬患了重伤风，耳疾更严重了，他周围的整个世界都像死一般的寂静。但是贝多芬却从昏迷状态中苏醒过来，窗外明媚的阳光使他产生了清醒的力量。如同物理学中作用力与反作用力一样，命运用多大的力量打击他，他就用多大的力量抗击命运。

创作最需要冲动、激情和勇气，而这一切，贝多芬完全具备。他不能再沉默了，如果再这样下去，维也纳和整个世界就会忘记乐坛上还有一位贝多芬。他精神抖擞地嘱咐老仆人说："去吧，请你赶快给我煮一点咖啡！我要重返音乐的世界中去，复活那已经灭亡的音乐世界！"

贝多芬用三天三夜的时间，废寝忘食地创作了歌剧《蕾欧诺瑞》（1814 年 5 月 26 日第四次公演时改名为《费德里奥》）的主题曲。那天早晨，完成了这部主题曲之后，他进行了几次试弹。虽然他听不到，然而凭着自己指法的弹跳和五线谱上灵活的音符，他完全感受得到这支曲子的绝妙之处。喜悦和幸福感使他情不自禁地大喊道："谢天谢地，我贝多芬不是真正的聋子，我能听见我乐曲中的声音！"兴奋的贝多芬又按着乐谱弹奏了一遍，然后打发老仆人把《蕾欧诺瑞》主题曲的乐谱给维也纳大乐队总指挥翁洛夫送去。这一天，贝多芬的脸上有太多太多的微笑，这是因

第四章 征服命运的契机

有"乐圣"之称的德国天才音乐家

为他心中曾经有太多太多的泪水啊！患耳疾后的他又开始了创作的征程，用自己的心灵打开了通向音乐世界的窗口。

几天后，维也纳大乐队总指挥翁洛夫前来拜访，他跟贝多芬是老朋友了。一见面，贝多芬就拿出纸和笔，送到客人的眼前，脸上浮现出一丝拘谨的笑容，说道："对不起！总指挥先生，我的耳朵不行了。有什么事，请你把话写在纸上和我谈吧。"

翁洛夫在纸上写道："惊悉先生听觉衰退，我代表全乐队成员，向先生表示最衷心的慰问和深切的同情！"贝多芬看了看，说道："谢谢！请放心，音乐会让我勇敢地活下去，坚持写我的曲子。"翁洛夫高兴得跳了起来："那真是太好了！这简直是人类的幸福！"

翁洛夫在纸上告诉贝多芬，他新近创作的歌剧《蕾欧诺瑞》主题曲，乐队试奏过了，一致表示满意。歌剧很快会在维也纳上演。盛名经久不衰的歌剧《蕾欧诺瑞》，加上贝多芬的配曲，上演后一定能轰动整个维也纳。

贝多芬当即表示，他要亲自出马指挥。翁洛夫见贝多芬如此直率、坦诚，就欣然点头同意了。翁洛夫仍然欢迎贝多芬指挥还有另一层原因，那就是只要海报上登出，由贝多芬亲自出场指挥歌剧，剧场就会座无虚席，场场爆满，生意兴隆。

维也纳大剧院

成长关键词 激情、顽强、博爱

歌剧《蕾欧诺瑞》首次预演如期举行了，贝多芬坐着马车赶往剧院。透过蒙着水汽的玻璃窗，贝多芬看见街上川流不息的人群都拥向剧院门口，他那温柔的眼睛里，禁不住流露出难以掩饰的喜悦和自豪。

歌剧开幕后，贝多芬以他技巧娴熟的指挥，使乐队和歌剧配合得挥洒自如。可是演到第一幕二重唱时，贝多芬头脑中忽然嗡地一响，耳朵听不见舞台上的歌声了。在犹豫中，他指挥的速度缓慢了。虽然乐队队员们个个受过良好的教育和训练，也熟悉乐谱，但是任何乐队都有一条铁的纪律，那就是每一个乐手都必须听从指挥棒的指挥。乐队只能跟着贝多芬犹豫的指挥动作缓慢地演奏下去，而台上的演员却依然自顾自地往下唱。

离弦了！走调了！结果可想而知，台上台下都是一片混乱。导演和后台工作者心惊胆战，默默地祈祷，希望贝多芬能够跟上去，但是他什么也听不见！台下在骚动，有的观众戴上帽子离场。谁也没有勇气对那位声誉极高的指挥喊一声："走吧，可怜的聋子，快放下指挥棒，你不能指挥了！"

贝多芬终于还是从乐手的神情中敏感地感觉出发生了什么事，回头看了看台底下。太可怕了，观众都快要走光了。他只觉着一阵眩晕，天旋地转，便咚的一声，昏倒在指挥台上。

这是贝多芬一生中最可怕、最伤心的一个夜晚。

他倒在了自己表演的舞台上。他要扼住命运的喉咙，而命运却再一次扼住了他的喉咙。

▶ 逃离现实

《蕾欧诺瑞》歌剧的指挥失败，简直是一次震撼灵魂的打击。贝多芬像受了酷刑一样，浑身战栗不止，绝望地走出了剧院。他望着阴沉的苍穹喃喃自语："我究竟做错了什么？命运竟然这样残酷地惩罚我！"

好像他一来到这个世界上，命运就不公正地让他承受接二连三的打击。是的，三十多年的艺术生涯，贝多芬曾经有过血的奔放和泪的激流，有过痛苦的忍受和劳役的磨难，可是任何一次打击和折磨，也没有这一次沉重。

朋友们陪着贝多芬到弗兰克医生的诊所去。弗兰克医生仔细地诊断后告诉他，服药可以暂时缓和一下病情，稍许恢复一点儿听觉，但如果想完全恢复听力，医药实在是无能为力。弗兰克医生善意地劝告贝多芬，今后不要再登台指挥乐队了。

按照维也纳人的习惯，夏季来临，通常要到乡村去消暑，可是过去的几年，贝多芬从未带着他的行囊去消暑。这一次他接受了医生的建议，在以硫黄温泉而著名的海利根斯塔特村中的一所住宅中租了一个十分宽敞的房间。

海利根斯塔特村是多瑙河边一个僻静的小村庄，从维也纳到那里，如果搭乘马车只需一个小时就够了。在一个晚霞灿烂的黄昏，贝多芬在他的学生里斯的陪同下，搬进了这个房间。

费迪南·里斯是费朗兹·里斯的儿子，在招收车尔尼作为学生的第二年，贝多芬幸运地收下了他为徒。当初，17岁的贝多芬失去母亲，在父亲无力养家的情况下，费朗兹·里斯给予了他经济上的帮助。贝多芬不仅欣赏费迪南·里斯的才华，还想报答他父亲解救自己一家人的窘境的恩情。因此，他对费迪南·里斯关照有加，而费迪南·里斯也就成了贝多芬最亲密的学生。费迪南·里斯后来回忆道："当贝多芬给我上课的时候，说实在话比别人要更有耐性，也更为细心。我不得不把这种自始至终的耐心和友好情谊归之于他对我父亲的报答与友爱。正因如此，有时他甚至允许我弹奏的东西重复到 10 次甚至更多的次数。"

"有一次，当我弹奏他赠献给公主奥黛丝斯卡奇的《变奏曲》最后的'柔板'时，我被迫弹了大概 17 次之多。对那些短小的华彩部分，尽管我认为已弹得和他毫无二致，可是他仍感到不满意。这一天，一堂课几乎拖延到两小时之久。假如我弹错了乐曲中的某一个地方或漏掉几个音或跳过去的时候，他很少说什么，但如果我在表情方面出差错，或者把渐强、渐弱等音乐的特点弹错时，他便非常生气地教训我说：'前者的错误是偶然性的，可是后者则表明你缺乏知识和感情，或者心不在焉。'对于前者丢掉音的现象他也经常发火，甚至在他当众正式演奏时也是如此，但是他从来不允许自己犯后种错误。"在贝多芬失聪的日子里，别人对贝多芬敬而远之，费迪南·里斯却一直守在贝多芬身边。

悠闲平静的生活，冲淡了贝多芬的一些痛苦，也使他对人和人生又有了进一步的理解和认识。但是，耳聋的痛苦仍然死死地缠住他不放，时常将他刚刚获得的愉快心情在转瞬间破坏得无影无踪。疾病的折磨和无法解脱的精神痛苦使贝多芬变得更加抑郁寡欢。渐渐地，就连海利根斯塔特的美丽景色也无法使他轻松起来了。

贝多芬还能够把握住自己的命运吗？

▶ 为艺术留住生命

一天上午，贝多芬和里斯在乡间散步。忽然，贝多芬发现高耸在灌木后面的一棵枫树下躺着一只小山兔。它的颈部和后腿有很重的伤，紫黑色的血水染红了灰色的皮毛。里斯走过去，蹲下身摸了摸小东西，然后俯在贝多芬的耳边说："老师，它已经死了！死在这美景之中。"

"是啊！一个生灵，活蹦乱跳的生灵，就这么死了，这件事看起来有多简单呀！是吧，里斯？"贝多芬茫然地回应着。

"是的，可是老师，这只死去的兔子，对于我们这个世界实在是太微不足道了。"里斯此刻摸不准老师心里在想什么，但是一种不祥的预感已经涌上了他的心头。

这只兔子中断了他们的散步计划，在回家的路上，贝多芬一直沉默不语，里斯也不敢多问，只是神色紧张地在一旁观察着老师。

海利根斯塔特的夜晚，宁静而又安详。月亮刚从田野后面升起来，又圆又亮。地面上，闪烁的河面上，有层银色的雾在那里浮动，青蛙们正在欢快地鸣唱，草地里的蝈蝈在低声吟咏。微风拂着树的枝条，从不远的地方，传来夜莺清脆的歌声。

大自然是这样的美妙，可是此刻坐在窗前的贝多芬，却感到痛苦和绝望。他沉思了很久很久，最后叹了一口气，终于下定了决心。他急速站起身，来到桌前，给他的弟弟卡尔和约翰写下了自己的遗嘱。遗嘱完成后，他读了一遍，又用笔将约翰的名字划去了。这份一气呵成、感人肺腑的信件，就是他曾受尽生活的折磨而又与之抗争的见证——著名的"海利根斯塔特遗嘱"。

当贝多芬疲惫地放下笔的时候，窗外的天色变了。一道道闪电，利剑似的划破漆黑的夜空。雷声、狂风后，暴雨开始哗哗地倾盆而下。贝多芬打开了窗户，让风声、雨声、雷声一齐冲进他的屋子里。他静静地躺在床上，闭上双眼，第三次等待着死神的来临……

"无须再犹豫了，我已经到了结束我的生命的边缘。"贝多芬写好了遗嘱，在他下定决心离开这个世界之前，他回顾了自己二十多年来的奋斗历程，禁不住热泪盈眶。在泪眼模糊中，他眼前突然浮现出了母亲的面容。他蓦然想到："难道母亲希望看见我这样绝望地死去吗？不！这一定是她最不希望看见的结果。为了母亲多年殷切的期望，我必须活下去，更加努力地活下去。我要扼住命运的咽喉，它休想让我屈服！我是为音乐而生，我的生命已经奉献给了音乐。那么，我有什么权利跟我心爱的音乐告别呢？哦，在我尚未把我所感觉到的使命全部完成之前，我觉得我不能离开这个世界。是艺术啊，是艺术留住了我。"躺在床上的贝多芬发出这样的呼声。

贝多芬不甘心做丧失意志的弱者，他努力地从床上站了起来，坐在钢琴旁伏案疾书。他用一天一夜时间，写就了《D小调钢琴奏鸣曲》和《C小调钢琴奏鸣曲》。这是两部令人惊叹的迷人作品，只要演奏家有一双纯熟巧妙的手，就能弹出激动人心、催人奋进的音乐。

贝多芬的创作意志又赢得了新的胜利。成稿后，他通读了一遍乐谱，坐在钢琴旁兴致勃勃地弹了起来。他虽然听不见琴音，但是他看着乐谱，感觉着琴键的跳动，他用钢铁一般的力量，使自己的听觉服从自己的意志，凭着想象力，终于隐隐地听见了乐曲的声音。它像咆哮的大海，与天上的五彩云霞互相辉映，发出最美丽、最壮观的乐音。

对这两部乐章反复弹奏以后，贝多芬感到十分满意，随即用笔在乐谱的下面写道："我要扼住命运的喉咙。它决不能使我完全屈服！"

是音乐拯救了贝多芬，是艺术为整个世界挽留了这位天才。贝多芬终于没有选择死亡，他把这封遗书封存在抽屉里，没有对任何人说起。"海利根斯塔特遗嘱"是在贝多芬去世后由他的秘书发现并发表在 1827 年 10 月 17 日的《大众音乐》杂志上。这可以说是贝多芬临终前的哀诉，但在这之后，贝多芬却顽强地活了 25 年。他在生与死的痛苦抉择之中重新发现了生命的价值、生活的召唤。他顽强地活了下来，骄傲地挺起他那狮子般的头颅，直面命运带给他的种种苦难，他用暴风雨般的激情，向不公正的命运发出了震撼人心的宣言。从此，贝多芬置一切加在他身上的不幸和不公于度外，踏上了新的旅程。这次试图自杀是贝多芬人生的转折点，他以高尚的道德情操和对艺术的热爱、追求，跨越了死亡的阴影。

在摆脱了死亡之后，音乐的思维比任何时候都更丰富地在贝多芬的脑海中涌动起来了。这种具有极大冲动的力量使他拥有了战胜命运的信心，他为自己所独有的这种力量而感到无比自豪。他在给朋友的信中宣称："我是生活在乐曲之上的，当我作完一曲，另一支曲子便自然而然在脑海中出现了。我现在常同时作三四首曲子。"人们通过这几句话可以看到的是一个高傲的音乐精灵在翱翔、在飞升……

也许，一个非凡的天才必须完成他的使命后，才能离开人间。此后，贝多芬用全部的精力，顽强地投入到音乐创作之中。世界没有给他欢乐，可他要用自己的智慧和创作给世界、给人类带来欢乐。贝多芬之所以伟大，并非因为他灾难重重，而是因为他用自己的毅力战胜了它们。贝多芬在肉体上是痛苦不堪的，但在这痛苦中他却磨炼出了钢铁般的意志和力量。

▶ 征服命运的交响曲

1803 年初，贝多芬从精神危机中彻底解脱出来，他宣布："我已获得了一种无敌的力量，无论什么都不能击溃我！"这位多灾多难的音乐家，终于学会了"如何去征服命运"。

觉醒之后的贝多芬创作的第一部作品就是活泼、轻快的《第二交响曲》。《第二交响曲》正是此时贝多芬心情的最好的写照。尽管贝多芬在生活上、恋爱上及身体上的状况均十分糟糕，但他仍坚强地生活着，并没有倒下。贝多芬在创作这部作品时，他的精神已经提升到一个更高的境界，完全摆脱了肉体上的痛苦和疾病的折磨。这部作品表现了贝多芬坚忍顽强的意志，充满他追求幸福的人生信念，生活中的忧愁被他雷霆般的力量一扫而空。他在用音乐向人们宣布：我决不向命运低头，只要还活着，就对未来充满美好的憧憬。整部作品洋溢着优美的旋律，显示出无与伦比的内心力量，同时还有着欢快的节奏。尽管在风格上仍然受到海顿和莫扎特的影响，但作品已确切地流露出贝多芬倔强的个性和革新精神，表达了他对生活的严肃态度和乐观精神。

从这以后他一发不可收拾，又连续创作了三首钢琴奏鸣曲和三首小提琴奏鸣曲。这些作品明显具有浪漫、活泼的色彩，显示出一种清新、独特、他人无法模仿的风格。可以说，从海利根斯塔特回到维也纳，贝多芬收获颇丰。从这时起，贝多芬进入他音乐生涯的鼎盛时期。

贝多芬在维也纳谈起这段时间的创作时说："已有一段时间了，自从真正的快乐回到我心中时，我又发现了音乐的新天地。"

这时产生的代表作便是那三首钢琴奏鸣曲。其水平是以前的同类作品所难以企及的。第一首和第二首曲子中狂风肆虐、电闪雷鸣，奏鸣曲中所表现出来的悲哀尽情宣泄了近几年来郁积在贝多芬胸中的所有阴霾（mái）。第二首曲子中的快板部分是非常轻快地浮现过去。而在第三首曲子中，他却运用了缓慢乐章，并且写下了一段轻快的谐谑曲。纵览全曲，快板是流畅、欢快的，诙谐曲活泼而轻松，小步舞则尽显优雅……总之，一切都充满了轻松、愉快。此曲一直被贝多芬视作得意之作。

贝多芬对于自己内心的变化感到十分惊喜。他产生了前所未有的强烈使命感——从音乐中获取人类精神中最崇高的东西。

1802 至 1812 年的十年，可以称为贝多芬的"英雄年代"，他在音乐上进入了黄金时代。如果我们留心一下贝多芬的伟大作品所产生的年代，就不难发现，除了极个别几部作品之外，如一些钢琴三重奏（作品第 1 号）、钢琴奏鸣曲（作品第 2 号）、几首钢琴变奏曲、弦乐三重奏及弦乐五重奏等，其他绝大部分作品，包括那些最为重要的作品，都是耳聋以后创作的。那么，贝多芬是如何克服耳聋的障碍进行音乐创作的呢？

据记载，他作曲时使用一支小木杆，一端插在钢琴的共鸣箱里，另一端用牙齿紧紧咬住，通过木杆传导过来的震动来感知音乐的变化。后来，贝多芬还使用一种听音器来帮助作曲，那是机械专家曼扎尔 1810 年左右专门为他而制作的，至今依然保存在波恩的贝多芬纪念馆里。在如此艰难的条件下进行创作，可以看出贝多芬的意志是多么顽强！

回首贝多芬坎坷的音乐道路，其音乐创作的成熟过程从表面上看相当迟缓，直到 30 岁时才开始创作自己的第一部交响曲，而天才少年莫扎特在这个年龄时所创作的交响曲已达 40 部之多。尽管如此，坚强的贝多芬在音乐创作上却是稳定地发展着。

名人名言·合作

1. 一个人只靠自己是生存不下去的，因此人总乐于参加一个集体。

　　　　　　　　　　　　——［德］歌　德

2. 你的钟声只有在齐鸣时才能听见，在单独鸣响时——只会淹没在那些旧钟的一片响声里。

　　　　　　　　　　　　——［苏联］高尔基

3. 团结——在人需要的时候，它能帮助人民克服各种混乱。

　　　　　　　　　　　　——［苏联］高尔基

4. 唯有具备强烈的合作精神的人，才能生存，创造文明。

　　　　　　　　　　　　——［印度］泰戈尔

5. 弱者的团结、努力和协作是通向胜利的桥梁。

　　　　　　　　　　　　——［意大利］达·芬奇

6. 两个有力的人群常能借合作而比借竞争的方式更为繁荣。

　　　　　　　　　　　　——［英］罗　素

7. 争辩或讨论的目标不应该是争辩的胜负，而应该是进步。

　　　　　　　　　　　　——［德］儒贝尔

8. 不论在战争中还是在和平时期，任何领袖只有得到了他的同伴的合作，才能起到重要的、有效的作用。

　　　　　　　　　　　　——［古罗马］西塞罗

◁ 第五章 ▷

Beethoven

英雄年代

　　涓滴之水可磨损大石，不是由于他力量强大，而是由于昼夜不舍地滴坠。只有勤奋不懈地努力，才能够获得那些技巧。

——［德］贝多芬

▶ 英雄的力量

1802 年，贝多芬开始创作以英雄为主题的交响曲。在一定程度上，它宛如贝多芬的一部自传，是一部以音乐为形式的个人奋斗史，而充斥其中的英雄主义则是贝多芬所特有的坚毅精神的真实写照，此曲标志着贝多芬音乐创作中"英雄年代"的开始。从这部作品开始，贝多芬在音乐上洗尽铅华，彻底与前人中庸保守的作品决裂，走上了一条崭新而又充满激情的、彻底创新的创作道路！

音乐评论家说，从这时起，贝多芬进入他创作的第二个时期——成熟期。

1803 年 4 月 5 日，贝多芬要在维也纳剧院举办一场音乐会。这是他和该剧院合作的第一个成果。在这个音乐会上要演出贝多芬的清唱剧《基督在橄榄山上》《第三钢琴协奏曲》，为了满足热情的观众要求，还准备了第一和第二交响曲及一些声乐作品。

这天从早晨 8 点开始排练，一直到下午两点，没有休息的时间。贝多芬的学生里斯说："这是一次令人生畏的排练。"大家都累得筋疲力尽，拉提琴的手臂酸胀疼痛，有许多人埋怨、叫苦。

"先生们，清唱剧是贝多芬先生在这一体裁中创作的第一个作品，我们从头到尾再排练一遍，今晚演出就会非常精彩。好不好？"大家七嘴八舌地说："听您的！""就这么办吧。"

音乐会于晚上 6 点开始。贝多芬的钢琴演奏之精彩，我们就不提观众的反应了，只看当时为他翻曲谱的塞弗雷德是怎么说的吧："上帝助我啊，真是说来容易做起来难。我只看见空白的曲谱纸，最多每页或隔一页有几个提示符号，像埃及的象形文字。这些潦草的笔迹，是他为自己提供思路而涂写的。我完全看不懂，事实上独奏部分，他全是靠记忆弹奏的。因为贝多芬没有时间把谱子都写出来，他每看完一个无形的段落，就偷偷向我丢个眼色，我也就不露神色地翻一页，生怕错过这个决定性的瞬间，这让他觉得非常有趣。在演出后，我们快乐地共进晚餐时，他为此笑得特别开心。"

一个多月后，在5月24日，贝多芬又和其他人合办了一场音乐会。尽管演出的作品非常优美动人，观众也给予了很高的评价，但贝多芬并不满意。他对小提琴演奏家克鲁福尔茨说："我至今不能满意于自己的作品，从今天起，我要开辟一条新的道路。"这新的道路究竟是什么？其实所谓"新的道路"，并不是继续走他那固有的光明灿烂的音乐道路，贝多芬所指的道路是指他所抓住的另一种新的力量，这种力量的存在就是要回答：一个人如何超越个人的不幸？怎样才能战胜命运？怎样才能成为生活的强者？在贝多芬的心目中，拿破仑就是这个问题的答案。

早在几年前，贝多芬听了拿破仑的事迹就很受鼓舞。1798年2月，法国向奥地利派遣了一名大使。这位大使名叫贝纳多泰，他举止文雅，态度谦逊，有着深厚的文化和音乐修养。在他的随从人员中，有法国的小提琴家鲁道尔夫。有一天，法国大使馆举办招待会，李希诺夫斯基公爵的弟弟，带贝多芬到大使馆做客，并把他介绍给大使贝纳多泰。他们二人在政治思想和音乐趣味上都很投合，所以很快就成了好朋友。贝多芬经常拜访法国使馆，通过交往，贝多芬对法兰西共和国有了更多的认识，了解了它的成就和计划，听了许多法军英勇作战的故事。这些都激发了贝多芬的创作灵感，为以后谱写《英雄交响曲》打下了基础。

▶《英雄交响曲》的问世

　　1803年夏天，贝多芬在维也纳郊区避暑，他住所的周围全是葡萄园。在这宁静的环境里，他的心情却不平静。他终日思考拿破仑的事迹，认为人世间力量是决定胜利的首要因素。对于贝多芬来说，他的战场就在他的内心世界里，他"扼住命运的咽喉"，他就是征服者。拿破仑激励着他，走一条充满荆棘的道路。贝多芬就是基于这样的思想，利用整个夏天创作、修改并谱写成《英雄交响曲》。

　　1804年4月，贝多芬彻底完成《英雄交响曲》的总谱，整个《英雄交响曲》共分四个乐章。第一乐章刻画了英雄性格的各个侧面以及为了全人类的幸福而进行的艰苦卓绝的努力，表现了力量和对胜利的热切渴望。第二乐章则是悲壮的挽歌，人们往往称之为《葬礼进行曲》，表现了英雄不朽的精神，给英雄的死赋予崇高、敬畏的品质。罗曼·罗兰曾评论说：这一乐章所表现的是"全人类正抬着英雄的棺椁"。乐曲从小调性的旋律开始，缓慢的节拍是对送葬者沉痛步伐的描写，以附点音符节奏为特征的悲哀曲调，表现出民众对烈士的缅怀之意。第三乐章是与前两部分形成鲜明对比的一首喜剧性的乐曲。音乐充满了生命力和乐观的情绪，前后两部分是风驰电掣般急速迅猛的音调，中间部分则是象征着光明未来的号角声，它表现了民众在英雄赴难之后的前仆后继，表现英雄精神的自信向前。第四乐章表现了人民欢庆胜利的场面。若单以终曲的规模和戏剧性内容而论，只有在多年后贝多芬自己所创作的《第九交响曲》才能与之相提并论。《英雄交响

第五章　英雄年代

曲》终曲的基本内容是整齐的民众方队在英雄纪念碑前献花致敬，并表现了庆祝胜利的狂欢场景，表现英雄精神的欢乐，充满了生机勃勃的活力以及光明和爱。

但是，1804年5月，拿破仑在巴黎称帝，18日进行加冕，20日举行了典礼。几天后，消息传到维也纳，里斯把这个情况告诉了贝多芬。贝多芬怒不可遏，斥责拿破仑："不过是一个凡夫俗子罢了！他放纵了自己的野心，践踏人权，把自己凌驾于所有人之上，最终会成为一个暴君！"然后贝多芬走到桌前，撕下总谱的扉页，一下扯成两半，扔在地上。贝多芬在第一页上，题了一个含有报复意味而又非常动人的题目："《英雄交响曲》……纪念一个伟大的遗迹"。

后来定稿时，又在封面上题了"有感于波拿巴而作"的字样。第一次正式出版时，封面印上了《怀念一个伟人》的标题。这意味着贝多芬对拿破仑由崇敬到厌恶。法军入侵德国后，自然引起贝多芬的仇恨情绪。

1806年10月，德法军队正在耶拿激战。贝多芬时刻注视着形势的变化。有一天，一位朋友告诉贝多芬说："最近，伟大的英雄拿破仑又在普鲁士，取得了一次决定性的胜利。"

贝多芬被朋友的话激怒了，他怒睁圆眼，气冲冲地说："真可惜，我对战争艺术的了解不及对音乐艺术的了解，否则我会征服他！"

贝多芬由厌恶拿破仑进而厌恶法国人。因为他们在拿破仑的奴役下，驯服地东征西战，侵略别的国家。这对贝多芬来说是不能容忍的。所以，有一次贝多分给在巴黎的朋友卡米利写信说："亲爱的卡米利，这是把邪恶的高卢人赶出罗马的罗马人的名字，假如我能把他们从所有不属于他们的地方赶出去，我也愿意取这个名字！"

《英雄交响曲》在贝多芬的艺术道路上是一座里程碑。罗曼·罗兰说："《英雄交响曲》即使在贝多芬的作品中也是一个奇

迹"，"它开创了一个新时代"。

1805 年 4 月，在维也纳皇家剧场举行了《英雄交响曲》的第一次正式公演，这场盛大的演出由贝多芬本人亲自指挥。

这样豪华而隆重的演奏会，即便是对于早已功成名就的贝多芬，也是第一次呢！

《英雄交响曲》也就是《第三交响曲》，比起贝多芬之前的两部交响乐作品来，大大跨进了一步。在前两部交响曲中，贝多芬还只是继承了前辈海顿、莫扎特的传统创作形式和思想，并没有在作品中注入太多的个人风格。而在这首交响曲中，他则是大胆地采用了新的形式和音乐思想，着重表现了英雄与上天和命运的搏击，以及为争取人类的未来幸福而献出生命的悲壮精神。这具有划时代意义的作品，也是贝多芬的代表性作品。

贝多芬把《英雄交响曲》称为他最心爱也是最满意的作品。当他已经写出八部交响曲之后，他仍然认为自己最喜爱的是这部宏伟的《英雄交响曲》。

演奏正式开始了，人们很快都被这部与其他作品风格迥异的交响曲深深地吸引住了。但是，当听罢全曲之后，许多人不太理解。有人认为它不可思议，充满大胆而狂妄的幻想，可是并没有给人带来多少愉悦。

《英雄交响曲》的出现引起了轩然大波，在维也纳，甚至在整个欧洲乐坛上都产生了强烈的震动。有人兴奋地称道"《英雄交响曲》崇高、伟大"，也有人称"贝多芬是伟大的天才"，有人则不以为然地说："不，音乐只限于莫扎特。"有人略显失望地说："音乐，一定要使我们得到快乐。"而另外一些守旧派则用"古怪""费解""愚蠢"来形容《英雄交响曲》。有的庸俗浅薄的皇室贵族甚至说："只要以后别再演奏这首曲子，我可以再多给剧院一个铜板！"

第一次公开演出后的效果并不理想，各方听众的意见大约可分成三种。有的人以为它没有多少"艺术上的价值"，他们认为贝

第五章

英雄年代

有"乐圣"之称的德国天才音乐家

多芬只不过是故弄玄虚，而《英雄交响曲》是"未成熟和不成功的奇异作品"，用一种"奇怪的音调和剧烈的转变"，得到了"超常而富有想象性的结果"；另一种意见虽认为此交响曲很是奇异，也非常吸引人，但不可能长久，并为作曲家离开了往常 C 大调、D 大调交响曲和降 E 大调七重奏所走的路而扼腕叹息；最后一种人（包括了贝多芬的知心朋友和一些眼光独到的评论家），却毫不动摇地说："这首交响曲是真正的上乘之作，也是最地道的交响乐，现在不受到大众欢迎的缘故，是因为他们都没有受到足够的艺术教育，以致未能参透其中的精华所在，许多年之后，它的价值会被人们认可的。"

不过，随着时间的推移，它的价值逐渐被人们所接受。现在的音乐界一致认为这是贝多芬创作的第一部真正具有深刻精神内涵的作品，在贝多芬的音乐里程上是一部开天辟地的作品。这支交响乐是贝多芬对自我的一次重大突破，作品形式大胆新颖，规模宏大，显示出一种古典雕刻艺术的和谐之美，无论是音乐还是思想都极其丰富深刻。它充满了令人难以忘怀的巨大热情，从这种热情里，人们仿佛看到，一个被束缚的英雄无所畏惧地与长着翅膀的巨人搏斗，并最终战胜了巨人。这个英雄实际上象征着贝多芬本人。他在这部作品里展现了他与生俱来的英雄气质，那是一种面对苦难绝不畏惧退缩的坚强意志。正因为如此，《英雄交响曲》开创了一个新的音乐时代，并成为人类世世代代传颂的经典之作。

但丁说："人生就像一支箭，不能回头，回头就意味着坠落。"贝多芬自从经过海利根斯塔特的危机之后，就像一支飞向目标的响箭那样，再也没有回过头。

▶ 敲响"命运"之门

创作自己心爱的《英雄交响曲》，用去了贝多芬的主要精力。在《英雄交响曲》演出之后，他考虑了外界的批评而对自己做了一番调整。由于自己失聪的缘故，他一刻也不愿意休息，为了生计马不停蹄写了许多奏鸣曲和一些小作品。与此同时，他又开始创作《命运交响曲》。实际上，早在 1800 年时，他就开始构思《命运交响曲》了。那时，他正面临着耳聋的威胁和生与死的考验。

从海利根斯塔特归来之后，贝多芬为奥地利从前线归来的伤兵举行了一次义演，这次义演取得了巨大的成功。贝多芬的朋友和学生们都纷纷向他祝贺："今天非常成功，恭喜！恭喜！"贝多芬却谦虚地回答道："对于这种颂扬战争、赞美英雄的曲子，我其实并不喜欢。这只是一首肤浅空虚的应时之作。"

因为演奏会博得了大家一致的好评，所以四天以后继续举行。

这两次演出很是成功，一共收入 400 英镑。这笔收入，贝多芬毫无保留地捐献给了伤病官兵。演奏结束后，参加演奏的音乐家，都隐隐约约觉察到贝多芬的指挥有好些地方不大对劲。可是，大体说来演奏会是很成功的。大家并没有过多地深思贝多芬指挥上有哪些地方不对劲。

演出之后贝多芬继续勤奋地创作着，虽然耳聋的缺陷严重影响到了他正常的音乐创作，但是依靠前面我们提到的曼扎尔为贝多芬特制的助听器，贝多芬再一次开启了听觉的大门。

这天，曼扎尔一大早就抬着一台庞大的机器来到贝多芬家中。

"亲爱的贝多芬，瞧瞧我的新发明，你肯定会喜欢的。"曼扎尔一进门就喊。

"这是什么，发明家先生?"贝多芬很是好奇。

"这是我最近发明的杰作——自动风琴。"

"是一种乐器?"贝多芬问。

"也可以说是吧。它不仅是一种乐器，它比乐器复杂多了，简直就是一个乐队，它可以模仿许多乐器的声音。"说着曼扎尔就让仆人把那台机器拿出来，安装好了，为贝多芬示范了一遍机器的用法。这种乐器的声音出奇的高，以至于连耳聋的贝多芬也能听到它的声音。

"这里面还有设计好的音乐，它可以自动演奏，你瞧!"说着曼扎尔又让他那引以为傲的乐器自动演奏起来。

"真是太有趣了!"贝多芬说，"虽然它看上去有点简陋，但还是使人感到很新鲜。我想它对我一定会有用的。谢谢你，曼扎尔先生。"

成长关键词

激情、顽强、博爱

贝多芬就是用这种让人匪夷所思的方法，借助这部助听器来"听"音乐作品，成功地创作出了著名的《命运交响曲》。当时，由于耳聋，他的健康和经济状况很糟，迫不得已，他甚至向朋友们借钱过日子。因为贝多芬中途由于经济上的窘迫而被迫中断过创作，所以这部交响曲从开始到完成耗时比较长。直到1808年，贝多芬才忍着身体与精神上的双重痛苦完成了《命运交响曲》。

这部交响曲再一次体现出贝多芬的创作才华和令人惊叹的力量，他为了完成这部作品花费了大量的心血，所以《命运交响曲》也堪称是贝多芬的得意之作。罗曼·罗兰在听到《命运交响曲》之后激动地评价说："这是一首光荣的叙事诗，是一曲真正的充满革命性的交响乐，时代之魂在其中复活了，那么热烈奔放，那么纯净无瑕……"

交响曲一开场的四个音有极强的表现力和震撼效果。贝多芬

的一个学生，同时也是他最密切的朋友安东·辛德莱第一次听到它，便不解地问老师这四个音有什么样不同一般的意义，贝多芬用神秘的目光看了他一眼，然后把目光转向窗外，缓慢而低沉地说道："那正是命运在敲门。"

确如贝多芬所说，这句话恰好暗示了整个作品那阴暗而悲壮的情绪。《命运交响曲》自始至终都是贝多芬对命运之神的坚定回答和无所畏惧的挑战，它使人禁不住要想到这样的问题：到底什么才是命运？宇宙中究竟有怎样强大而残酷的力量能够摧毁真、善、美？谁是万物冥冥中的主宰？谁能敢于和命运做殊死的搏斗，直到生命结束？显然，贝多芬就是这样敢于和命运相抗争的人，他把命运看成是一个敌人，终生都在与它进行搏斗。

通过《命运交响曲》，贝多芬又一次展现了他那崇高的英雄主义，也充分展现了他在音乐上过人的天赋，以及他的隐秘的痛苦和浓烈的感情。这是他继《英雄交响曲》之后第二次与命运的搏击。这时，他的音乐表达能力已经达到了炉火纯青的地步。

如果说《英雄交响曲》是贝多芬交响乐中里程碑式的作品，那么《命运交响曲》则是贝多芬交响乐中的又一座后人难以逾越的高峰。从《命运交响曲》的正式发表，评论界开始将贝多芬与海顿、莫扎特相提并论，认为他是继海顿和莫扎特之后最伟大的音乐巨匠。

在音乐上一帆风顺的贝多芬曾在写给柴姆斯加尔的信中十分喜悦地说道："如果我身在迷宫中，发明了翅膀进而飞到天空中去，那么，我也将找到这样一对翅膀去无垠的天空中自由翱翔。"两首交响曲的完成就充分地展示了他引以为傲的翅膀。

让贝多芬十分气恼的是，当他在音乐领域取得了节节胜利时，出版商印刷的乐谱却出现了许多不应有的错误，贝多芬检查过自己的手书乐谱是准确无误的，因此几次三番地向他们提出抗议，并索要自己的乐谱以作修改，出版商无动于衷。从这一事实不难看出，出版商对贝多芬漠不关心，不像他失聪之前那样毕恭毕敬了。于是，他写下了严厉批评这些不负责的出版商的话："错误之多，宛如海洋之鱼。"后来，倔强的贝多芬干脆称这些唯利是图的商人为"狡猾的骗子"。

这种近乎掠夺式的交易，在当时是极为普遍的。贝多芬为了表示自己的不满，就跟他们开展了一场无休止的辩论。他的呕心之作《C大调弦乐五重奏》因此而拖了两年之久没有发行。这些事使贝多芬陷入了极为困难的境地。

当时所有遇到贝多芬的人都会觉得他非常奇怪，他早已是家喻户晓的音乐大师，但人们看到的贝多芬却是不修边幅、疯疯癫癫的样子。由于无法与人交谈，他时常自己在街上和田野里走一走。他的面部表情看起来有些僵硬，宛如戴了一个面罩，只有双眼炯炯有神，一股生命之火仿佛要从这里喷射出来。

贝多芬的身体在这年的夏季变得更加糟糕了，使他忧心的依然是他的收入问题，有一个固定而可靠的工作一直是他梦寐以求的事情。在成名的一段时期里贝多芬的确衣食无忧，但在他失聪之后，奥地利的那些慷慨之人已将他每年的供给减少到了原来的一半。他曾愤愤不平地说："我的国家，是建筑在纸张上的。"虽然如此，坚强的贝多芬并没有在意，他坚定地说："这一切都不能阻挡一匹勇敢的马继续奔驰"！

成长关键词 → 激情、顽强、博爱

▶ 贝多芬与歌德

贝多芬对歌德十分崇敬，他从小就喜欢看歌德的作品。当初经历了失恋的折磨，正是歌德的《少年维特之烦恼》引起了他强烈的共鸣，使他感同身受。1809年，贝多芬受皇家剧院的委

托，有幸为歌德的剧本《哀格蒙特》配乐，他还想为《浮士德》谱曲。在这之后，贝多芬意外地见到了心目中的大师歌德。

事情要从一个善良的女孩说起。

贝多芬的朋友法兰茨，有个妹妹叫贝蒂娜。1810 年，贝蒂娜来到维也纳，住在哥哥家，她听了贝多芬的音乐后，完全陶醉了。她对哥哥说："我很想结识这位音乐家。"法兰茨却对她说："贝多芬很不容易接近，你不要唐突地去找他。"但是执拗的贝蒂娜不听劝阻，竟然一个人找到了贝多芬的住所，敲开了他的家门。

随着贝多芬的一声"请进"，贝蒂娜坦然地走进房间。只看见屋子里两架没腿的钢琴趴在地上，一张椅子，坐上去就吱吱乱叫，还有几个衣箱放在地上。书架上散乱地放着些书，桌子上放着一个脸盆。贝多芬的卧室里只有一张床，上面铺着一个草垫子，草垫上是一条薄毯，他的睡衣扔在地上，还没有来得及收拾。

贝多芬为这位忽闪着大眼睛女孩的突然光临感到吃惊。在他的眼中，贝蒂娜不赶时髦，身穿一件合体的黑丝长袍，宽大的带子系在腰间，和她那头长长的黑色卷发相配，十分得体。

贝蒂娜看到心仪已久的音乐家，整个世界都消失了，眼里就只有贝多芬。两个人一见如故，贝蒂娜谈吐非常潇洒，举止大方。她向贝多芬简单地介绍了自己的情况，丝毫不受社会习俗约束。贝多芬问："你是否愿意听我刚刚写成的歌？"没等贝蒂娜回答，他就边弹琴边唱起来。歌曲的悲哀情绪感染了贝蒂娜，贝多芬唱完后说："它不是很美吗？太美了！我再唱一遍。绝大多数人都会被美好的事物感动，但艺术家就不一样了。艺术家是燃烧着的，他们不会哭泣。"

当贝蒂娜向贝多芬告别时，他已深深地迷上了这位有灵性的姑娘。贝多芬送贝蒂娜回家，在路上他又谈了对艺术的精辟看法。贝蒂娜不明白为什么贝多芬说话的嗓门特别高，而且充满激情，这些都使贝蒂娜感到吃惊。他谈艺术，谈生活，谈人生。他们经过倾心长谈，贝多芬已把贝蒂娜视为难得的朋友。

第二天，两个人又见面了。他们来到一个公园里。开满鲜花的温室全敞开了，香气醉人。贝多芬一动不动地站在强烈地阳光下说："歌德的诗歌对我有巨大的魅力，不仅在于它的内容，而且在于它的节奏。他的语言能刺激我，使我产生创作冲动。我受着热情的驱使，从各方面考虑旋律。我追逐着它，激动地把它捉住；有时它又离我而去，我又以新的激情抓住它，不能容忍它再离去。我凭着瞬间的狂喜，以各种形式将它扩展，这样在最后时刻我胜利地完成第一个音乐构思。音乐是联系精神和感觉的媒体。我愿意与歌德谈谈这个问题。"过了一会儿，贝多芬又说："请歌德听听我的交响曲，他就会同意我的观点。音乐是唯一通向包容人类却不为人类所理解的更高感知境界的大门。为了掌握音乐的本质，需要一种精神的节奏。精神从音乐中获得的养分越多，心智就会得到越大的发展，也就会越深地理解音乐的含义。然而很少有人达到这个境界，就像成千上万的人为了爱情而结婚，尽管他们都使用了爱的技巧，却没有感受到爱情一样，成千上万的人与音乐相遇，却没有感受到它。音乐是精神赖以生存、思考和创造的土壤。"

贝多芬谈到这里，握住贝蒂娜的手说："如果你理解我的话，请你给歌德写信谈谈我。"

贝蒂娜回到哥哥家，当天晚上便给歌德写了一封长信："……我现在想和你谈谈贝多芬……他走在所有受过教育的人前面，我们能赶得上他吗？我很怀疑。如果他能活到蕴藏于他精神中崇高而强大的秘密完美地成熟的那一天，如果他能达到他至高的顶点，无疑就能留给我们打开天堂的钥匙，这会使我们离真正的幸福更近一步。……所有人类活动都有规律地在他内心进行着……他自己说：'当我睁开眼睛，就不得不叹气，因为我所见的与我的信仰相反，我不得不鄙视这个世界，因为它从来看不到音乐比全部智慧和哲学给人的启示更多，音乐像醇酒一样刺激我们进行新的创造，而我就是为人类酿制这美酒并赐予他们精神沉醉的酒神，他们再次清醒时，他们就会有更大的收获。我没有朋友，不得不过独居的生活，然而我知道在艺术中上帝离我比离其他任何人都近，我和他交流时毫无恐惧，我总能认出并理解他，我也不为我的音乐的命运担忧，它的命运一定是幸福的，谁成功地掌握了它，谁就不会再受到使其他人屈服的苦难的折磨。'"

第二天，贝蒂娜一见到贝多芬，就把头天晚上写的信读给了他听。贝多芬听完后惊讶地说："这些都是我说的吗？那样的话，我一定是在发狂。"他接过贝蒂娜的信，谨慎地画掉了几行，又添了一些别的内容。

歌德给贝蒂娜回了信，但语气并不像贝蒂娜那样热烈。他礼貌性地肯定了贝蒂娜对贝多芬的评价，但又认为贝多芬的言论中有自相矛盾之处。不过最后还是答应她与贝多芬见面，并希望贝多芬把用他的诗谱成的歌寄给他。歌德说："我急切地想听到它们，这是我最大的快乐之一。"歌德比贝多芬大21岁，贝多芬比贝蒂娜大15岁。在1810年前后，贝蒂娜跨越了年龄的界限，为人类史上的两位巨人的友谊搭上了桥。

1812年7月，歌德受到奥地利皇室的邀请，来到泰布利茨与皇后见面。此时，贝多芬也为了医治耳疾在此疗养。歌德知道后，主动到贝多芬的住所探访。贝多芬给歌德留下了深刻的印象，他当晚给妻子写信说："我还不曾见过一位更有力、更强劲、更内在的艺术家。"这在自视极高的歌德来说，已是很少见的评价。

第二天，贝多芬为歌德做了精彩的即兴演奏，歌德听后只是礼貌地称赞道："弹得很好。"显出很受感动的样子，眼里含着泪花。贝多芬听了感到非常失望，他想从歌德那里听到理性和美学的批评或者赞扬。贝多芬沉默了一下说："我在柏林演奏，用了最大的力气，期待着喝彩，但没有任何赞扬的表示。后来我发现这些观众太高雅了，他们的眼泪把手绢都湿透了。这是浪漫的观众而非艺术的观众。但是您这位诗人，我就不满意了。当你的诗打

有"乐圣"之称的德国天才音乐家

动我时，我想和你一起飞到高空。大概我不能真正打动你，否则你感到的兴奋就会用别的方式表达出来。你自己总该知道受到知音喝彩的愉快吧！"歌德不得不承认贝多芬的话有道理。

1812年9月，歌德在一封信中说："我已经渐渐认识贝多芬。他的才能使我惊讶，可惜他是一种完全放荡不羁的性格。如果他觉得这个世界可憎，或许没有错，但是他这样做其实并不能令世界更幸福，无论为自己还是为别人。"

贝多芬则直截了当地说："歌德太喜欢宫廷气氛了，多于一个诗人所应有的。别再说那些乐手们可笑，如果做全国师表的诗人也可以为了这些虚幻的荣誉忘掉一切的话。"

此后两位大师再没见过面。之前的几次碰面，让他们意识到了双方在观念、性格上的差异，所谓话不投机半句多，二人的友谊再没有发展下去。

▶灵感的源泉——大自然

贝多芬每年夏天都要到乡下住好长时间，一是疗养，二是进行创作。贝多芬在黑尔达的诗集《歌之力量》一诗下面写了这样几句话："我的命运要我在乡间消磨时光，无论在什么角落里都是那么轻松自如。不幸的听觉在那里并未使我感到苦恼。乡村的每棵树木似乎都在和我对话，圣哉！圣哉！森林里是多么迷人！谁能把它作一番描绘呢？一切事物如毁于一旦，乡村会依然如故……静寂的森林是多么甜美！风儿就要吹来第二个宜人的季节，我不能困留在维也纳，因为它是我的仇敌。"

贝多芬一生热爱大自然，热爱乡村的旖旎风光。贝多芬的许多作品，都是从大自然中获得灵感后创作出来的。

　　1817年，贝多芬在给玛尔法蒂夫人的信中说："我得知你将提早来乡下，是多么令人兴奋啊！我到8日那天也要体会那种快乐，所以从现在起就像个孩子一样兴高采烈，因为又可以在森林或茂密的林园和山峦之间散步了。"

　　贝多芬虽住在乡间，仍然有许多朋友来访，不少学生请他上课。贝多芬在乡间的生活习惯大致是这样的：每天清晨，东方刚泛白，贝多芬就起床了。他简单地洗漱一下，就坐在桌前，手脚打着拍子，一边哼唱一边写。7点半他准时吃早餐，吃完早餐他就出门散步。他一个人在田间小路上走来走去，挥着手高声喊叫，时而走得快，时而走得慢，有时还停下来掏出笔记本写点什么。12点半，他回到住所吃午饭。然后，他在自己的卧室里休息到3点左右，又去田野里散步，直到太阳落山才回来。晚上7点半，他吃晚饭，而后回到自己的房间，写到10点钟就寝。贝多芬在乡间的生活还是十分有规律的。

　　当朋友来拜访时，贝多芬常常邀请他们一起到野外散步。有一天，有名的竖琴制造家史冬夫来探视贝多芬，他对客人说："今天天气真好啊，万里无云。请您和我一起去田间散步好吗？"当客人陪他走出屋舍，来到树林里，贝多芬立即高兴得像个孩子，他说："你看天是多么蓝，空气是多么清新，水是多么干净！我们在这样的环境中散步，我们的灵魂也会被净化的。"他指着树木花草、林间溪水说："这些都是我永恒的朋友。"弄得竖琴制造家有点莫名其妙。

　　贝多芬站在小河边凝神谛听潺潺的流水声，他好像听溪水在讲述各种故事。他们走在古树参天的森林里，贝多芬抚摸着树干，好像对待久违的朋友一样。当他们来到山坡上的葡萄园边，贝多芬手扶着篱笆说："你看那些葡萄，一嘟噜一嘟噜的，它们是那么绰约多姿，是那么纯真，谁也不挤压谁，它们平等相处，没有一丝虚伪和欺诈，多么可爱啊！"有时他们走在明媚的阳光下，晒得身子很舒服，贝多芬又对客人说："我们常晒晒太阳有好处。这样身体才能健康，思想不至于发霉。"瑰丽的大自然不仅赐予了他无尽的灵感，同时也给了他无限的安慰。他曾经写道："我失聪的耳朵在这样美丽的自然中显得微不足道，这里似乎每一棵树都在跟我交谈，真是妙不可言！我一到乡下就会像个孩子一样快乐，因为又可以尽情在森林或田野中散步了，恐怕再也没有一个城里人像我这样愿意亲近大自然。"

1804 年夏天，贝多芬住在多布林村乡间，学生里斯找他去上课。像往常一样，贝多芬先让里斯陪着他在田野的小路上散步。他们穿过丛林，沿着曲曲折折的小溪往前走。贝多芬一会儿好似对溪水说话，一会儿又冲着天上的白云微笑。他把自己整个都融入了大自然，山山水水好像都知道他在想什么，他在说什么。风吹云飘，树摇草动，花枝招展，他知道万物在向他倾诉什么。有时贝多芬轻轻地哼唱，有时则大喊大叫，声音忽高忽低。里斯也听不出一个明确的旋律，便问贝多芬："您唱的这是什么呀？"

贝多芬笑笑说："我想出一个奏鸣曲最后一个乐章的主题，太美妙了！"他笑得像个孩子。

这一天他们走得太远了，晚上 8 点多才回到住所。贝多芬一进房间，连帽子也没有摘，径直走到钢琴前面，铺开谱纸，拿起笔就写，勾勾画画，哼哼唱唱。里斯一个人坐在角落里，好似不存在一样。一个多小时过去了。贝多芬最后激动地放下笔，双手相互搓了搓，长出了一口气："啊，终于完成了。"

里斯问他："完成了什么？"贝多芬这时才想起里斯早晨来上课，一直陪到晚上，便抱歉地说："刚才只顾着写《热情奏鸣曲》的最后一个乐章，忘了给你上课，真对不起，明天你再来吧！今天我还得工作一阵子。"

当天晚上，贝多芬对《热情奏鸣曲》又反复斟酌了几遍。

它和次年所作的《华尔特斯坦奏鸣曲》都取得了巨大成功。贝多芬在音乐创作上大胆创新，突破了前人陈规的限制。几乎当时所有的钢琴都难以弹奏贝多芬那神鬼莫测的乐曲，普通的钢琴只能弹奏轻快而华丽的乐曲，而对贝多芬那霹雳雷霆般的乐曲只能鞭长莫及。

不久之后，他从钢琴商人安德列斯·斯托里切尔的手中得到的那架性能更加优越、回声和弹性更大的钢琴，使这首《热情奏鸣曲》所表现的力量大大加强了，乐曲所表现出来的恢弘气势几乎压迫得听众喘不上气来。本来是不准备作公开演奏的，直至作曲家进入墓地后12年才面向大众。

接着，贝多芬又写下了风格与《命运交响曲》《英雄交响曲》截然不同的《第六交响曲》，也就是《田园交响曲》。它像是一幅宁静优雅的画卷，淋漓尽致地表现了自然界的美丽景色。这是贝多芬亲近大自然的结果。贝多芬不喜欢尘世的喧闹与浮躁，他经常邀请朋友去郊游，他以诗一般的语言向对方发出诚挚的邀请："你不想跟我一起去遨游大自然吗？那可是我们永恒的朋友。你不想在茵绿的树丛或古树参天的森林里倾听溪流的潺潺流水声吗？让我们在小山坡上、葡萄园边晒太阳，边尽情欣赏那无边的美景吧！"如今，《田园交响曲》的手稿依然保存在波恩贝多芬故居，我们可以从手稿上各个乐章的标题中，非常清晰地看出大自然与贝多芬的血肉联系。

贝多芬构思《田园交响曲》时曾写过一些零星的不大连贯的笔记："乐曲的情景让听众自己去发现。要有交响乐的特点，是对乡村生活的回忆。器乐中任何描绘如果走得太远都会失败。"

任何一个有过一点乡村生活的人，都不需要很多描述性标题就能想象出作曲家的意图。即使没有解释，人们也能理解它，因为它不是图画，而是对那种感受的记录。也就是说，贝多芬的乐曲，记录的都是当时对大自然的感受，是当时灵感激发的热情。正因为如此，时至今日《田园交响曲》已成为全世界人民最喜爱的交响乐作品之一。

《田园交响曲》表达了热爱大自然这种全人类共有的感情。它好比春天里第一声惊雷，小草的第一棵绿芽，枝头第一朵春花。

贝多芬通过乐曲告诉我们，人类是大自然的一部分，和大自然是不可分的。但是这首乐曲最初却不被人们理解和欣赏，因为它在很大程度上打破了传统，但今天它已成为全世界最受欢迎的作品之一。

贝多芬的创作没有莫扎特、舒伯特那样迅捷。莫扎特是在头脑中把作品构思完整后再写出来；舒伯特是凭着灵感飞快地写作。莫扎特在24年中创作了50部交响曲及100首其他重要的作品；舒伯特一年可以写出150首歌曲。贝多芬和这些人比起来，是慢了些。但舒伯特仔细地研究了贝多芬的笔记本，发现贝多芬为一个主题花那么多精力，使他大吃一惊。

罗曼·罗兰在《贝多芬传》中说："所谓意志，就第二流的艺术家而言，是清醒地应用、不冷不热的理性，但对贝多芬而言，则永远跟第一灵感一样，甚或显得更加天才横溢。""有数不清的草稿，说明他以怎样的执着和严格的自我批评精神，艰苦地、一层一层地叠成这巨大的作品。"

贝多芬的创作完全是依靠笔记本。贝多芬的创作过程是长期而投入的，他在平时有了灵感，就记下某个乐思、某一个主题，然后反复思考、修改，写出很多变化形式；一个粗糙的构思，经过不断地修改、补充、完善，逐步成为一个完整的乐曲。

罗曼·罗兰

贝多芬经常同时写几个感情上差别很大的作品草稿。1804年6月2日，贝多芬在写《莱奥那拉》第二幕终章的草稿时，忽然插入了如下独白："6月2日，终章越来越简单了！"然后在《莱奥那拉》第二幕的草稿上，开始动手写《热情奏鸣曲》。一个作品的终章"越来越简单"，马上要结束。他立即开始创作在心中酝酿许久的另一首作品。

一位朋友曾经问贝多芬："你在什么地方可以获得灵感?"贝多芬回答说："我没法确切地回答这个问题。它们是不请自来的，常常是自发的。有时伴随着其他什么，当我漫步于森林中时，好像我能用手从空中抓住它们似的;有时乐思在寂静的深夜或清晨来临。这些灵感产生于被诗人翻译成语言时的那种情绪，而我则把这种情绪变幻成音乐。这些声音在我脑海里回响、咆哮，直到最后以音符的形式出现在我的面前为止。"

不得不说，是大自然孕育了贝多芬。乐思常常在贝多芬漫步乡间小路时出现。大自然是他灵感的源泉。除自然环境外，贝多芬还认为，他的灵感需要诗歌的激发，但是在他看来，自然是可见的诗歌，他可以把它翻译成音乐。

第五章 英雄年代

名人名言·灵感

1. 得之在俄顷，积之在平日。

——〔清〕袁　枚

2. 饮似长鲸快吸川，思如渴骥勇奔泉。

——〔宋〕陆　游

3. 欲为平易近人诗，下笔情深不自持。

——〔清〕龚自珍

4. 情之所至，诗无不至；诗之所至，情以之至。

——〔清〕王夫之

5. 句句夜深得，心从天外归。

——〔唐〕刘昭禹

6. 当夫运思落笔时，觉心手间勃勃欲发之势，便是机神初到之候。

——〔清〕沈宗骞

7. 人们在那里高谈着灵感的东西，而我却像首饰匠打金锁那样地劳动着把一个个小环非常合适地联接起来。

——[德] 海　涅

8. 灵感，是由于顽强的劳动而获得的奖赏。

——[俄] 列　宾

9. 灵感是一个不喜欢拜访懒汉的客人。

——[俄] 车尔尼雪夫斯基

10. 灵感全然不是漂亮地挥着手，而是如犍牛般竭尽全力工作的心理状态。

——[俄] 柴可夫斯基

Beethoven

"喜剧终于结束了"

划分天才和勤勉之别的界线迄今尚
未能确定——以后也没法确定。

——〔德〕贝多芬

▶ 从李斯特身上看到的希望

　　残酷的命运让贝多芬的一生与幸福和睦的家庭无缘，自从父母过世后，多少年来他阅尽人间悲伤，受尽世上苦难。

　　少年时代，由于心灵上的创伤，贝多芬立志把整个生命和全部精力献给音乐事业。后来，可怜的弟弟过世，临终前把儿子卡尔托付给他。为了培养这个童年丧父的孩子，为了让自己心爱的弟弟瞑目，贝多芬几乎付出了他能给予的一切。可是生活竟然是如此的冷酷无情，小卡尔羽翼丰满后就不辞而别了，投入了放荡母亲的怀抱。尽管贝多芬对侄子是那样无微不至的体贴、关心和爱护，但是依然没有战胜母亲的力量。况且按当时法律的规定，被监护者长大成人后，有权选择自己的归宿。贝多芬的一切努力都白费了。

　　一个孤独的人纵有无边的好心，能救助别人，可救助不了自己。十年来贝多芬对卡尔的一片爱心和希望，就在这一天里完全毁灭了。几十年来，他只不过是在梦幻中充满希望地孤独地走着罢了。

　　贝多芬的身体一摇一晃，脚步颤颤巍巍，他几乎是在失去知觉的状态下回到了住所。走进卧室，仆人忙安顿他躺到床上，伸手触摸他的额头，发现他并没有发烧，反而凉冰冰的。不放心的他请来了医生为主人看病，忙乱了一晚上，也没有诊断出是什么病来。医生只是说贝多芬在精神上受到了刺激，心情不太好。

　　忘掉过去的一切吧！经过了短暂的失望和迷茫，贝多芬很快就控制住了自己的情绪，恢复到了正常的创作状态。但是，卡尔跟着母亲约翰娜出走的事情还是不可避免地影响着贝多芬的身心健康。

他原来就不太结实的身体变得日渐消瘦，面色也更显苍白。创作和演奏时，体力和耐力都大不如前了，常常头晕目眩，甚至不止一次地昏厥过去。医生几次登门来为他看病，贝多芬却挥笔伏在乐谱上，拒绝让医生诊断。他在与命运搏斗，以超乎常人的毅力与病魔斗争着，好继续探索神秘的音乐世界。

在这些日子里，维也纳的上空充斥着靡靡之音。贝多芬的音乐开始受到冷遇，而一些内容浅薄的歌剧却大露其脸。这让贝多芬感到既气愤，又痛苦。

"老师，您不要伤心，这些音乐的生命力是长久不了的，您的音乐一定会重放异彩。"贝多芬的助手辛德莱安慰道。"谢谢你，辛德莱，可是事实上，现在没有人了解什么是真正的音乐，最优秀的艺术已经处于危险的境地。那些贵族们除了看芭蕾舞以外，什么也不看，除了赛马和舞女以外，什么也不喜欢。这世道真是糟透了！"

辛德莱显然觉得贝多芬近来的情绪太悲观了。由于失聪，再加上年老多病，贝多芬几乎断绝了同外界的一切交往，因而也看不到音乐界的希望。于是，辛德莱打算给贝多芬介绍从匈牙利来的弗朗茨·李斯特。辛德莱认为，或许李斯特的到来，能给贝多芬带来一个安慰，解除他的孤独和寂寞。

第二天，辛德莱敲开了贝多芬住所的门，领着一个相貌俊秀的孩子来到贝多芬的面前。"老师，这位就是我昨天说的那位小音乐家李斯特。"辛德莱在谈话本上写道。

贝多芬上上下下地打量了一番李斯特，目光中充满着爱意："孩子，你今年几岁了？"

"11 岁了，先生。"李斯特恭恭敬敬地回答道，接着，还把年龄写在了谈话本上。

"给我们弹点儿什么吧！李斯特。"尽管贝多芬知道自己什么也听不见，但还是这样要求。他相信自己的感觉和直觉，多少年来，他就是靠着这两种感觉，克服了一个又一个意想不到的困难。

李斯特坐到钢琴前，开始弹奏起贝多芬《C大调第一钢琴协奏曲》来。出人意料的是，少年李斯特以他独特的技艺和才华，用琴音表现出清晰明快而又丰富多彩的感情，他竟然将贝多芬乐曲中所蕴含的博大深厚的主题演绎得淋漓尽致。此时，贝多芬虽然已经失去了听觉，不过他单凭敏锐精明的目光，透过少年李斯特气定神闲的表情和娴熟的指法，就好像完全听到了自己的曲子的声音。贝多芬大为震惊，他心里明白，李斯特的演奏充满了美和活力，简直到了无懈可击的境地。

李斯特

当他弹奏完第一乐章的时候，贝多芬有些激动地从沙发上站了起来，用双手抱住了他说道："孩子，你弹得太好了，你将会给其他人带来快乐和幸福！你不仅是匈牙利的天才，也是整个欧洲的天才！""谢谢您，先生！"李斯特睁着一双大眼睛，望着这位仰慕已久的大师。

贝多芬没有说错，若干年后，李斯特果然以无可争议的演奏技巧雄踞欧洲钢琴演奏家的榜首，被誉为欧洲的"钢琴之王"。

在打量着大师的同时，李斯特看着贝多芬简陋不堪的住所，欲言又止。当李斯特嗫（niè）嚅（rú）着说出了自己对这住所的失望后，贝多芬默默地望着这位小客人，脸上却露出了坚毅的笑容："孩子，完成高尚而不朽的音乐事业，有时是需要付出代价的。我倒觉得，清贫也是一种幸福。出于良心的呼唤，出于人类的爱，我觉得幸福不应该是获取，而应该是不求回报的给予。"听了大师的一番话，李斯特闪动着眼睛，用力地点了点头。

突然，贝多芬停了一下，像是回答自己，喃喃地说道："也许，通向艺术事业的真正道路就是在于孤独。"

成长关键词

激情、顽强、博爱

这句似乎是在无意中说出来的话，对于 11 岁的李斯特来说，也许太过深奥了。里面蕴藏的含义有多么深刻，恐怕也只有贝多芬本人能充分地体会出来！正是在这无声的孤独中，贝多芬心灵深处的听觉才可能捕捉到另一个世界更为高远的声音，开启了人间另一幕无与伦比的绝唱。

▶ 生命的最后音符

特别需要指出的是，从 1817 年开始，当贝多芬完全失聪后，他却在音乐的浴火中重生，进入了他的第三个创作阶段，达到了他艺术成就的最高峰。虽然失聪使贝多芬不可能再弹奏钢琴和指挥乐队了，但这丝毫没有影响到他的创作。这个创作阶段整整延续了十年，这也是他生命的最后的一段时光。在这十年时间里，他创作了 5 首伟大的奏鸣曲、33 首变奏曲和最后 5 首弦乐四重奏，此外还创作了自己最为杰出的作品，即宏伟的《庄严弥撒》和气势雄浑的《第九交响曲》。

1823 年，雄心勃勃的贝多芬搬到维也纳郊外潜心创作《庄严弥撒》，这是他进入创作高峰期的第一部重要作品。曲谱完成后，他在这部作品的手稿扉页上亲笔写下了一句非常著名的题词："它出自内心，但愿能够深入人心。"

正如以上所言，这庄严的音乐确实完全出自他的心灵深处，是他与命运长期进行不懈抗争的结果。他在无边无际的灵魂世界中，顽强地坚持着他对人类和音乐的热爱。

不过，更激动人心的作品还在后面。

第二年，震惊世界的《第九交响曲》横空出世了。关于《第九交响曲》，贝多芬在此之前从不曾对人提到过只言片语。

实际上，这部交响曲是贝多芬在漫长的时光里在心中慢慢酝酿而成的。在年轻的时候，贝多芬曾经打算为席勒的《欢乐颂》谱曲，《欢乐颂》中所歌颂的自由与公正强烈地吸引着他。就在1822年秋天，贝多芬一边创作《庄严弥撒》，一边开始把多年的构思进行汇总，没人清楚他这个庞大的计划，这是深深隐藏于贝多芬心灵宫殿中的一个巨大秘密。

就在同时代的许多艺术家纷纷逃避现实，醉心于营造虚幻浪漫气氛的时候，贝多芬却逆潮流而动，勇敢地站了出来，面对时代的不幸和人类的苦难，用他行将完结的生命弹奏出了时代的最强音，这同时也是他生命的最后一个音符。

《第九交响曲》最集中地体现了贝多芬的思想境界和艺术理想，表达了对全人类发自内心的爱。在乐曲中自由和解放、胜利和欢乐、团结和友爱交织在一起。《第九交响曲》体现了贝多芬对光明的热烈向往，它的核心便是那句世人皆知的"人人皆兄弟"。这部交响曲在贝多芬的作品中占有特别突出的地位，其重要性尤在《英雄交响曲》和《命运交响曲》之上，是他一生中交响曲创作伟大成就的总结。

1824年，这部伟大的作品完成的消息传出后，整个音乐界为之震惊，维也纳有三十多位著名人士联名写信，恳求贝多芬把首演的地点设在维也纳，信中充满了对贝多芬的无限爱戴和诚挚的请求：

"在您的第二故乡维也纳，广大人民十分钦佩、崇拜您的惊世才华。请您不要拒绝如此热情的人民的美意，大家期待着看到您手中最近完成的杰作，不要辜负了维也纳公众渴望最先欣赏到至善至美、辉煌伟大的作品的迫切心情。我们万分诚恳地请您把这部光辉的作品，交给培养过莫扎特、海顿等大师的维也纳人民，您和诸位大师的名字将一起载入史册，万古流芳。"

贝多芬看完信后，感动得热泪盈眶，当即答应了他们的请求，准备在维也纳最好的皇家剧院里举办一场盛大的音乐会，上

演刚刚完成的《第九交响曲》。

消息一经传出，朋友们欢呼雀跃，并且立刻四处奔走着手准备。

对于一些琐碎具体的问题，例如，票价多少、哪个乐队担当演奏、由谁主唱、排练次数等，年迈的贝多芬没有精力顾及这些，所以总是拿不定主意。为尽快让事情尘埃落定，朋友们商定好了之后一起到他家去，但不让贝多芬知道他们事先已商量好了。

一天下午，里赫诺夫斯基公爵和小提琴手舒潘奇一起来到贝多芬的家里。舒潘奇提出的第一个问题，就使贝多芬非常不高兴。他问："交响曲抄完了吗？这是最后期限了。"

贝多芬听了，面无表情，只是撇了撇嘴，表示不满。

按照当时音乐界和出版界的惯例，作曲家的大型乐曲写完后，要交给专门的抄谱工场重抄，然后由出版商出版发售。在两星期之前，贝多芬已经把手稿交了出去，贝多芬特别不喜欢别人向他催稿。舒潘奇没有注意到贝多芬阴暗的脸色，继续催促道："您应该在自己家里随便雇个人抄写，这样会快一些。"

贝多芬没有理睬他，而是不自然地扭了扭粗壮的脖子。

里赫诺夫斯基公爵也不知趣地在一旁插话说道："您仔细掂量一下到底需要多少演员，男的多少？女的多少？票价定在什么价位比较合适？还有，我们需要排练几次？这都需要您马上定下来，再拖就晚了。"

这些琐碎的问题使贝多芬心烦无比，他一直皱着眉头，一言不发。这时，辛德莱也急急忙忙地跑来了，一进门，他就连珠炮似的问："老师，您的乐谱抄完了吗？票价定了吗？还有……"

贝多芬更加烦躁了，便站起来，在屋里走来走去，然后极不痛快地说："今天就谈到这里吧，我不想再说这些烦心事了。明天我们有时间到饭馆边吃边谈。"

三个人互相对视了一眼，他们熟知贝多芬的脾气秉性，无可奈何地摇了摇头，起身告别离去。

当他们刚一出门，天性敏感的贝多芬突然感到，今天这三个人和平时的神色不大一样，有点古里古怪的，他们在不同时间出现，却提出完全相同的问题，而且他们的口气也真是奇怪。贝多芬怀疑他们是不是有什么事情瞒着自己，难道他们在耍什么阴谋诡计？这可是他最信得过的几个人。贝多芬越想越生气，忍不住怒火中烧，于是飞快地写了三封信，分别寄给三个人。

"里赫诺夫斯基公爵，您再次让我失望了，我鄙视故弄玄虚，您以后别再到我这里来了，我只欢迎光明磊落的人。还有，我决定不开音乐会了。"

"舒潘奇先生，以后不用再见我了，您使我心烦，另外我正式通知您，我不举办音乐会了。"

"辛德莱，音乐会不开了。我也请您别再来见我了，除非我通知您。"

不过，贝多芬的气很快就消了。两天后，他冷静下来，又把辛德莱请了过来，深知老师脾气的辛德莱并不介意，两人又开始商议音乐会的事了，就如同什么事情也没有发生过一样。

▶ 最后的演出

经过一番周密准备，万事俱备，只欠东风。辛德莱事后曾回忆说："演出前的工作就像一位元帅部署一场重大的战役一样，我们花了整整一星期的时间做准备。"

这场即将到来的盛大演出，牵动着整个维也纳。从皇帝贵族到平民百姓，几乎是妇孺皆知。当地报纸天天整版登载有关这次演出准备的情况，不厌其烦地介绍和评论着贝多芬和他的作品。

剧院的售票处排着长龙一样的队，许多人为观看这场演

成长关键词 激情、顽强、博爱

出，推迟甚至放弃了旅行和休假，有的人为买一张门票甚至典当祖传的纪念品。一切都是那么令人兴奋，所有的人都翘首以待渴望着这一天的来临。

1824 年 5 月 7 日，音乐史上一个值得纪念的日子，演出的大幕终于拉开。这场演出动用了百人之多的交响乐团，这在当时的音乐界可是一个天文数字。

整个剧院里人头攒动，所有的位置都坐满了，连走廊里都挤得水泄不通。要知道，在一般情况下，皇家剧院是不允许过道里有人的。

演出开始了，贝多芬似乎是完全摆脱了指挥《费德里奥》失利的阴影，他站在指挥台上，亲自指挥。随着乐曲的不断变幻，只见他在台上激动地跑来跑去，一会儿把手臂高高举起，一会儿又蹲坐在地下。

贝多芬的心灵完全飞翔了起来，他貌似癫狂、手舞足蹈，仿佛要独自演奏所有乐器，代替整个交响乐队。但实际上，里赫诺夫斯基公爵等人为了照顾贝多芬的自尊心，在他身后设置了一个真正的指挥，乐队队员只跟着他的指挥棒演奏。

观众们耳听着奇妙而雄壮的音乐，眼看着天神下凡一样的贝多芬，心情十分激动，掌声一浪高过一浪，甚至当交响曲进行到第二乐章时，乐队的演奏被掌声完全打断，不得不重新演奏。

人们实在无法想象，一个失聪多年的人，竟然能创作出如此瑰丽辉煌、充满想象力的宏伟乐章！他们并不能体会贝多芬这么多年来是如何与命运抗争，如何在无声的世界中一步步地登上音乐艺术巅峰的。

贝多芬终于发现所有演员和乐手只把目光对准他身后的方向，他回头看见了那个指挥家，同时也明白了自己的指挥并不起任何作用，他黯然地退了下去，坐在旁边为他专设的椅子上，默默地观赏演出。他想起了 1778 年的时候，年幼的他第一次登台亮相，那时的他无比的兴奋和紧张……此刻，他感觉自己如同一只老得跑不动的狮子，又如同一位解甲归田的老兵，贝多芬禁不住泪眼婆娑！

虽然不能亲自指挥，他却能从观众的表情里推测出他们的反应。观众的情绪随着乐曲的进行越来越热烈了，当演出进行到终曲，一首天籁般的《欢乐颂》响起来的时候，许多观众近乎癫狂了，他们不顾礼节情不自禁地站了起来，和着音乐的节拍和歌手一齐唱了起来，顿时全场爆发出雄壮而又嘹亮的歌声。

贝多芬此刻仍然坐在椅子上，满怀惊喜地看着那些疯狂的观众。

当最后一个音符从空中飘过的时候，一阵暴风雨般的掌声响彻整个大厅，观众们异口同声地高呼："贝多芬万岁！"

而贝多芬这时正在跟一个乐手用笔记本交谈，他根本不知道周围是怎样的情景。辛德莱赶忙走上前去，再三示意他到台前去谢幕。贝多芬愣了好半天才反应过来，于是笨手笨脚地走到台前，真诚地向疯狂的观众鞠躬行礼。

此刻的贝多芬眼里充满了幸福的泪光，他的心里从未像今天这样畅快过，虽然观众的掌声和欢呼声他一点也听不到，但他能感受到大家无比的热情。于是他站在那里，一次又一次地向观众鞠躬、鞠躬……

观众的掌声始终没有停下，而且更加热烈了，雷霆般的掌声好像要掀翻剧院的屋顶，他们为自己不仅能在有生之年亲耳聆听这部杰作的首演，而且能亲眼目睹这首乐曲的伟大作者而感到无比的激动与幸福！

在成功地演出了《第九交响曲后》，贝多芬感到精疲力竭，他隐隐约约听到了上帝的召唤。他心里非常清楚，这么多年的经历几乎耗费了自己全部的精力，恐怕他再也无法像过去那样充满狂热的激情进行音乐创作了。只是明白了自己已经走到了生命的尽头，贝多芬十分不甘心。在他心中，还有一系列未完成的计划，《第十交响曲》《纪念巴赫的前奏曲》，为歌德伟大的诗剧《浮

成长关键词 ↓ 激情、顽强、博爱

士德》谱曲，等等。这些，他都希望能够在有生之年奉献给听众。

在1824年9月17日写给朋友的信中，贝多芬说道："艺术之神还不愿死亡太早把我带走，因为我对音乐负欠甚多！在我离开人间出发去天国之前，必得把神灵启示我而要我完成的东西留给后人，我觉得我以前写的不过是几个音符罢了。"

可惜的是，雄心勃勃的贝多芬有心杀敌，却无力回天，他那极度虚弱的身体终没能使他如愿以偿。从1826年冬天开始，贝多芬已是百病交加，他甚至连生活都无法自理，只能躺在病榻上苦苦挣扎了。

▶ 回归天堂

1827年的3月，初春的维也纳没有丝毫的暖意，外面雨雪交加，贝多芬的生命也走到了尽头。23日这一天，布鲁宁匆匆赶来探视贝多芬。只见他虚弱无力地躺在床上，大口大口地喘着气，说不出一句话来，额头上不停地渗出汗珠。布鲁宁劝贝多芬道："在您神志清醒的时候应该考虑一下遗嘱的事情。"

贝多芬同意了。他平静地签署了遗嘱，在纸上写道："我亲爱的侄儿卡尔，是唯一的合法继承人。我的全部遗产，毫无疑问完全归卡尔继承，特立此遗嘱为凭。"

立完遗嘱，贝多芬对在场的布鲁宁和辛德莱说："鼓掌吧，朋友！喜剧终于结束了。"这是他一生最后的名言。

不一会儿，贝多芬脸上掠过一丝笑容，把纸和笔吃力地递给辛德莱，有气无力地说："拿去吧，这是我最后的作品。"

两个人迫不及待地拿来一看，是一只短曲，曲中翻来覆去重复着几个音符："孤独，孤独，……"

第六章 [喜剧终于结束了]

是的，这个伟大的人即将走完他艰难困苦而又孤独寂寞的一生。

1827年3月26日，寒风凛冽，冰雪交加，刺骨的北风从维也纳上空吹过。残冬即将过去，春天已经悄悄加快了脚步。当人们如往常一样奔忙的时候，在老城墙西，灰黑色的西班牙公寓二楼，贝多芬躺在一张床上，已经奄奄一息、神志不清了。这天下午5点，布鲁宁眼看着贝多芬的生命之火就要熄灭，赶忙把神父请了来，好让贝多芬接受最后的洗礼。

仪式结束以后，早已无法开口的贝多芬忽然面带淡淡的微笑，说："神父，谢谢你!"贝多芬缓慢地睁开双眼，伸出右手，握紧拳头，向天空的方向凝视了几秒钟。随后，他的手就慢慢垂落在床边，眼神渐渐暗淡下去。据当时在场的一位作曲家回忆，贝多芬躺在床上，已经没有知觉，只是微弱地呼吸着。"突然间，响起了一阵震耳欲聋的雷声……贝多芬睁开了双眼，伸手想要去攥住什么东西……当他的手坠落在床上时，双目已经合上了……他的呼吸停止了，心也不再跳了!这位伟大的作曲家的灵魂离开了令他痛苦的人世，登上了音乐的天堂。"

1827年3月26日下午5点45分，西方最明亮的艺术之星陨落了。贝多芬在贫苦交加中度过了自己的一生，享年57岁。这时，维也纳大教堂的塔楼上传来一阵沉重肃穆的钟声，好像是为了送这位大师的灵魂回归天堂。

"感谢上帝!为他结束了这长期的悲惨的苦难。"布鲁宁说。

贝多芬安息了，他的英名和他的音乐永垂不朽!

三天以后，也就是1827年3月29日，维也纳市政府和人民以隆重的仪式为伟大的贝多芬举行了送葬仪式。这一天的天气和前三天大不一样，上帝仁慈地把笼罩在维也纳上空的阴霾一扫而净。此时市区的街道上春风拂面，感觉不到一点寒意。沉浸在悲痛中的人们，早早就聚在街头，要为贝多芬送行，献上最后的敬意。那一刻，所有沉浸在悲痛中的人们都在心里默默地祈祷，祝愿他们所崇敬和爱戴的伟大音乐家能够在天堂找到幸福。

这一天，为了表示对已故大师的哀悼，维也纳所有的学校都放假。参加送殡的人数不胜数，光是前来一睹贝多芬遗容、向死者致以最后敬意的市民就达数万之多，维持治安的警察根本无法控制场面。

贝多芬的葬礼可以说是全国最盛大最隆重的，是拿破仑占领维也纳以来从未有过的壮观场景。与36年前神童莫扎特的葬礼相比，要隆重得多。莫扎特的葬礼只有寥寥数人参加，并没有引起多少人的关注。而且在莫扎特送葬队伍行进的途中，突然下起一阵大雨雪，送葬的人又慌乱地躲进了家中，只剩下莫扎特被丢在墓地里，而他却是一位并不逊色于任何人的天才音乐家、艺术的神童。

1827年贝多芬的葬礼就大不相同了。维也纳无数的人肃立默哀，并低下了他们高贵的头。我们不得不由衷地感叹，世界真的变了……贝多芬通过音乐默默地改变了世界。不是因为别的，因为贝多芬的音乐中包含着一股不可思议的力量，这种力量感动了所有的人。

贝多芬之墓

丧礼主持人是贝多芬的挚友布鲁宁。仪式上，由一位著名演员动情地朗诵了著名诗人格里尔帕策写的悼词，悼词用最美好、最虔诚的语言赞美了贝多芬不平凡的一生以及他那空前绝后的音乐艺术。悼词最后的部分这样写道：

"……高贵的音乐艺术的传播者。他是前辈光荣传统的继承者，是亨德尔、巴赫、海顿、莫扎特伟大艺术的发展者，如今他结束了自己那历尽沧桑的一生。我们悲从中来，禁不住泪如雨下，与那断了的琴弦一起站在他即将消逝的美妙歌声面前。他是一位真正的艺术家，他的一举一动无不都是为了艺术，他的生命毫无保留地奉献给了音乐以及他所爱的人……人生的荆棘一再狠狠地刺他，他却不以为意。他就像一个好不容易才到达海岸边的遇难人，被善与真两姐妹挽住手臂，逃离了汪洋大海的灭顶之灾。上苍所赐的音乐，才是他苦难中唯一的避难所。"

"他是一位无与伦比的艺术家，谁能与他相比肩呢？他就像《圣经》中的怪兽那样无所不能，在大海中不停地翻滚奔涌。他在艺术的领域中纵情驰骋。他凭借着独特的手法，充满奇想的创意，以他无视法则随心所欲的曲风，准确地捕捉了小至鸽子的呜咽啜泣，大至雷电的惊天轰响。"

"走在他后面的人，恐怕没有人能够继承他的衣钵。他们必须另辟蹊径，原因是那伟大的艺术，在他死亡的时刻戛然中断了……他不仅是一位凡人无法企及的艺术家，同时无论从哪个方面来看，都是一个伟大而崇高的人。他远离世人，似乎不近人情，走着一条与众不同的道路，以至于世人往往误认为他充满敌意。然而一个自律自重的人，也是一个胸怀宽广的人，怎会与世人为仇呢？……他不求回报地为世人尽了一切努力之后，径自避开世人，远离了人世的喧嚣和浮躁……纵观其一生，他一直是一个堂堂正正的伟丈夫……他那慈祥的心是为亲朋而生的，而他用血汗换来的那音乐上的瑰宝，则是献给全人类的。他就是这样的鞠躬尽瘁，死而后已，而且他相信自己，只要活着就会永远这样继续下去。"

"但是，跟随着我们的人们，不要让你们的心感到哀伤！你们并没有失去他，相反是赢得了他。活着的人不可能进入不朽者的殿堂，只有当污秽的肉体消亡后，它的大门才会对死者高洁的灵魂打开。你们现在哀悼的人，从此将与我们这个时代最伟大的人物站在一起。如果你们能够在即将到来的时代里感受他作品的魅力，体会到那横扫一切、排山倒海的力量，并与子孙后代分享心中无法抑制的狂喜时，你们会想起此时此刻，你们会自豪地说：当他被埋葬时，我们在他身旁，当他去世时，我们都在哭泣。"

整个仪式结束后，天色已经暗了下来，夜幕就要降临了。送葬的人们仍然依依不舍，他们目送着灵柩徐徐降入墓穴。按着祖辈传下来的习俗，靠近的人将泥土送入墓穴，熄灭了一直为死者点燃的火炬。

一个伟大的灵魂从此得到了永远的安息。

贝多芬不愧为伟大的艺术家，回顾他的一生，即使在生命结束之前也没有自怨自艾，没有心灰意冷，而是努力把自己仅有的力量奉献给崇高的艺术事业。贝多芬的一生是战胜贫穷、痛苦、多灾多难和不幸命运的一生，也是追求光明、自由、平等、民主、博爱和高尚的艺术境界的一生。

大师的风采将永远屹立在这个世界上！

第六章 「喜剧终于结束了」

有"乐圣"之称的德国天才音乐家

名人名言·朋友

1. 美德是勇敢的，为善永远无所畏惧。

——[英]莎士比亚

2. 不论是多情的诗句、漂亮的文章，还是闲暇的欢乐，什么都不能代替亲密的友谊。

——[俄]普希金

3. 友谊永远是美德的辅佐，不是罪恶的助手。

——[古罗马]西塞罗

4. 把友谊归结为利益的人，我以为是把友谊中最宝贵的东西勾销了。

——[古罗马]西塞罗

5. 有些人对你恭维不离口，可全都不是患难朋友。

——[英]莎士比亚

6. 在紧急时舍弃你的朋友不可信赖。

——[古希腊]伊　索

7. 友谊永远是一个甜柔的责任，从来不是一种机会。

——[黎巴嫩]纪伯伦

8. 在快乐时，朋友会认识我们；在患难时，我们会认识朋友。

——[英]柯林斯

9. 不要靠馈赠去获得朋友。你须贡献你诚挚的爱，学会怎样用正当的方法来赢得一个人的心。

——[古希腊]苏格拉底

10. 友谊像清晨的雾一样纯洁，奉承并不能得到友谊，友谊只能用忠实去巩固它。

——[德]马克思

Beethoven·

成长关键词

↓

激情、顽强、博爱

119

名 人 年 谱

贝多芬

　　1770 年 12 月 17 日，贝多芬——是宫廷歌手约翰·凡·贝多芬和妻子玛格拉雷娜的第二个孩子，在波恩圣雷米吉乌斯教堂受洗。

　　1778 年 3 月 26 日，"六岁童星"贝多芬首次登台公演。

　　1779 年 10 月，聂弗来到波恩，担任贝多芬的老师。

　　1782 年，贝多芬通过弗兰茨·盖哈尔德·维格勒结识了封·布鲁宁一家。根据德莱斯勒的一首进行曲所作的九首变奏曲在曼海姆出版。

　　1784 年 6 年 27 日，成为波恩宫廷乐队的正式成员。

　　1787 年 3 月至 4 月，首次去维也纳旅行，与莫扎特会面。7 月 17 日，其母因肺结核病故。

　　1788 年，贝多芬后来的朋友和资助人瓦尔德斯坦伯爵来到波恩。

　　1791 年 3 月 6 日，演出一首骑士芭蕾舞的配乐。

　　1792 年 11 月 2 日，开始第二次维也纳之行。至 1793 年底师从海顿。12 月 18 日，其父在波恩逝世。

　　1793 年，在里赫诺夫斯基亲王举办的家庭晚会上首次演出三首三重奏（作品 1 号）。

　　1794 年，寓居里赫夫斯基亲王家中。

　　1795 年 3 月 29 日，首次在维也纳公演。

　　1796 年 2 月至 6 月，游历布拉格、德累斯顿、莱比锡和柏林普鲁士王宫。

　　1797 年 4 月 6 日，在小提琴手、友人舒潘奇举办的音乐会上首次演出五重奏（作品 16 号）。5 月开始结识特蕾莎和约瑟芬·冯·布隆思维克。

1798 年，初次发现耳疾症状。

1800 年 4 月 2 日，在胡浮堡皇宫剧院举办首场个人音乐会，首次上演《第一交响曲》和《管弦乐七重奏》（作品 20 号）。

1801 年，爱上朱丽叶塔·琪夏尔蒂。6 月 29 日，写信向友人维格勒透露了日渐重听的实情。

1802 年 10 月 6 日和 10 日，在海利根斯塔特写下遗嘱。

1803 年 4 月 5 日，在维也纳歌剧院举办音乐会，首次上演《第二交响曲》和《第三协奏曲》。夏，在巴登和德普林谱写《英雄交响曲》。开始向奥地利鲁道夫大公爵传授演奏技巧和音乐理论。

1804 年秋天至 1807 年底，与约瑟芬·冯·布隆思维克相爱。

1805 年 4 月 7 日，首次公演《第三交响曲（英雄）》。11 月 20 日，首次上演《费德里奥》。

1806 年 3 月 29 日，首次上演《费德里奥》第二曲本。10 月，与里赫诺夫斯基亲王断交，结识拉苏莫夫斯基伯爵。12 月 23 日，首次上演《协奏曲》（作品 61 号）。

1807 年 3 月，在格布科维茨亲王宫邸举办专场音乐会，首次演出《第四交响曲》《科里奥兰序曲》和《第四协奏曲》。

1808 年 10 月，吉罗姆·波拿巴王室聘请贝多芬前往卡塞尔。12 月 22 日，在维也纳歌剧院举办音乐会，首次上演《第五交响曲》、《第六交响曲》和《合唱幻想曲》（作品 80 号）。

1810 年春，爱上特蕾莎·冯·玛尔法蒂。

1811 年 8 月 1 日，抵达泰布利茨，结识阿玛里埃·西博尔德。11 月 28 日，在莱比锡举办《第五协奏曲》的首场演出。

1812 年 7 月 19 日至 23 日，在泰布利茨与歌德多次会晤。

1813 年夏，逗留于巴登。12 月 8 日，在维也纳大学礼堂举办音乐会，首次上演《第七交响曲》和《战争交响曲》。

1814 年 2 月 27 日，首次上演《第八交响曲》。4 月，结识安东·辛德莱。5 月 23 日，首次上演《费德里奥》第三曲本。11 月 29 日为维也纳会议与会者举办盛大音乐会。1815 年 1 月 25

日，最后一次以演奏家的身份演出。11 月 15 日，其弟卡尔去世，贝多芬成为侄子卡尔的监护人。

1816 年 2 月 2 日，侄子卡尔就学于詹纳塔西奥·德尔里奥开办的青少年教养院，舒潘奇四重奏组解散。夏，逗留于巴登。自 10 月起，因感冒引起的各种疾病久治不愈。

1817 年夏，在海利根斯塔特和努多夫逗留。

1818 年夏，在默德林逗留。

1819 年，安东·辛德莱成为贝多芬的助手。开始用"谈话册"与人交谈。

1820 年 4 月 8 日，成为侄子卡尔的唯一监护人。夏，逗留于默德林。

1821 年夏，逗留于德普林和巴登。患黄疸病。

1822 年 11 月 9 日，俄国的尼古劳斯·伽列青亲王约请贝多芬写三首弦乐四重奏。

1823 年夏，逗留于赫岑多夫和巴登。

1824 年 2 月，维也纳艺术爱好者致书贝多芬，请求他在维也纳上演新作。4 月 18 日，《庄严弥撒曲》首次在彼得斯堡上演。5 月 7 日，在皇家剧院举办音乐会，首次上演《第九交响曲》。夏，逗留于维也纳附近的彭青和古腾布仑。

1825 年 3 月 6 日，由舒潘奇四重奏组首次演出作品 127 号四重奏。5 月，患严重肠炎。夏，逗留于古滕布仑。10 月，迁入西班牙式公寓。

1826 年 3 月 21 日，首次公演作品 130 号四重奏，该曲末乐章为《大赋格》。7 月 30 日，侄子卡尔企图自杀。9 月 29 日，动身去弟弟约翰的住地格耐克森多夫。12 月 2 日，返回维也纳，贝多芬病情严重，患有肺炎、肝硬化和腹水症。12 月 20 日，第一次腹腔穿刺。

1827 年 1 月 3 日，写下遗嘱。3 月 26 日下午 5 时 45 分，贝多芬逝世。